T0194800

essentials

essentials liefern aktuelles Wissen in konzentrierter Form. Die Essenz dessen, worauf es als „State-of-the-Art" in der gegenwärtigen Fachdiskussion oder in der Praxis ankommt. *essentials* informieren schnell, unkompliziert und verständlich

- als Einführung in ein aktuelles Thema aus Ihrem Fachgebiet
- als Einstieg in ein für Sie noch unbekanntes Themenfeld
- als Einblick, um zum Thema mitreden zu können

Die Bücher in elektronischer und gedruckter Form bringen das Expertenwissen von Springer-Fachautoren kompakt zur Darstellung. Sie sind besonders für die Nutzung als eBook auf Tablet-PCs, eBook-Readern und Smartphones geeignet. *essentials:* Wissensbausteine aus den Wirtschafts-, Sozial- und Geisteswissenschaften, aus Technik und Naturwissenschaften sowie aus Medizin, Psychologie und Gesundheitsberufen. Von renommierten Autoren aller Springer-Verlagsmarken.

Weitere Bände in der Reihe http://www.springer.com/series/13088

Severin Friedrich Bischof ·
Thomas Rudolph

Subskriptionsmodelle im Handel

Wie Subskriptionen den Konsum automatisieren

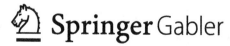

Severin Friedrich Bischof
Forschungszentrum für
Handelsmanagement
Universität St.Gallen
St. Gallen, Schweiz

Thomas Rudolph
Forschungszentrum für
Handelsmanagement
Universität St.Gallen
St. Gallen, Schweiz

ISSN 2197-6708   ISSN 2197-6716   (electronic)
essentials
ISBN 978-3-658-29677-3   ISBN 978-3-658-29678-0   (eBook)
https://doi.org/10.1007/978-3-658-29678-0

Die Deutsche Nationalbibliothek verzeichnet diese Publikation in der Deutschen Nationalbiblio-
grafie; detaillierte bibliografische Daten sind im Internet über http://dnb.d-nb.de abrufbar.

Planung/Lektorat: Barbara Roscher
Springer Gabler ist ein Imprint der eingetragenen Gesellschaft Springer Fachmedien Wiesbaden
GmbH und ist ein Teil von Springer Nature.
Die Anschrift der Gesellschaft ist: Abraham-Lincoln-Str. 46, 65189 Wiesbaden, Germany

Was Sie in diesem *essential* finden können

- Eine Typologie zu vier Subskriptionsarten, welche sich derzeit im Einzelhandel vorfinden.
- Beispiele erfolgreicher internationaler Anbieter, die Subskriptionen in verschiedenen Produktkategorien zur Automatisierung des Konsums ihrer Kunden einsetzen.
- Eine Beschreibung der Kauf- und Verhaltensmuster von Subskriptionskäufern anhand einer repräsentativen Untersuchung in der deutschsprachigen Schweiz.
- Ein sechsstufiges Rahmenmodell zur erfolgreichen Einführung von Subskriptionen im Handel und Konsumgütersektor.

Vorwort

Subskriptionen bieten der Wirtschaft neue Chancen. Konsumenten zeigen Interesse am wiederkehrenden Kauf von Gütern und Dienstleistungen. Kundenbindung und Unternehmenserfolg könnten steigen, wenn Firmen dieses veränderte Konsumverhalten richtig deuten. Dazu soll unser *essential* einen Beitrag leisten.

Es fasst unsere Forschungsergebnisse und Publikationen zusammen, die das relativ junge Phänomen der Subskription betriebswirtschaftlich deuten und unternehmerisch greifbar machen. Es fußt auf der Promotionsschrift von Severin Friedrich Bischof zum Thema „Subscription Commerce" (Bischof 2019), einer Publikation im Journal of Retailing and Consumer Services (Bischof et al. 2019), einem Artikel in der Marketing Review St.Gallen (Rudolph et al. 2017) und einer für die Deutschschweiz repräsentativen Marktstudie zum Status Quo von Subskriptionen im Handel (Rudolph et al. 2018).

Das vorliegende *essential* berücksichtigt die Einschätzungen von Konsumenten und Managern zu diesem neuen Thema. Es vermittelt dem Leser einen prägnanten und pointierten Einblick in das Phänomen der Subskription und unterstützt Manager dabei, mit praxisnahen Hinweisen, Tools und Modellen Subskriptionsdienste einzuführen. Aktuelle Unternehmensbeispiele illustrieren unsere empirischen Erkenntnisse und sollen die Leser zur Einführung einer eigenen Subskription inspirieren.

Wir hoffen, dass der interessierte Leser, neben den aufkommenden Chancen durch Subskriptionen, die damit verbundenen Gefahren erkennt und sich ein ausgewogenes Bild machen kann. Noch steht dieser Markt am Anfang.

Subskriptionen sind keine Selbstläufer, die kometenhaft unsere Wirtschaft verändern. Vielmehr braucht es eine grosse Portion Markt- und Kundennähe, viel Feingefühl sowie einen Innovationsschub, um das Potenzial von Subskriptionen zu nutzen.

St. Gallen   Severin Friedrich Bischof
im Februar 2020   Thomas Rudolph

Inhaltsverzeichnis

Über die Autoren

Severin Friedrich Bischof ist Postdoctoral Researcher und Projektleiter an der Universität St.Gallen. Er forschte als Swiss National Science Foundation Fellow am Marketing Department der Columbia Business School in New York City und promovierte am Forschungszentrum für Handelsmanagement zum Thema „Subscription Commerce: Theoretical, Behavioral, and Managerial Implications of Surprise as a Retail Mechanism." In seiner Arbeit untersuchte er die konsumenten- und managementspezifischen Aspekte von Produktsubskriptionen und automatisiertem Handel. Er studierte Betriebswirtschaftslehre an der Universität St.Gallen, der Harvard University, der Universidad Adolfo Ibáñez und der London School of Economics. In der Praxis tätig war er unter anderem für Procter & Gamble und Google.

Thomas Rudolph ist Professor für Betriebswirtschaftslehre und Marketing sowie Direktor des Forschungszentrums für Handelsmanagement an der Universität St.Gallen. Er steht dem Gottlieb-Duttweiler-Lehrstuhl für Internationales Handelsmanagement vor und leitet das St.Galler Retail Lab, welches wissenschaftliche Erkenntnisse der Praxis in Form von Research Workshops, Lehrveranstaltungen und Zertifikatsprogrammen näherbringt. Zuvor lehrte er 1998 als Gastprofessor an der Brigham Young University in Utah, 2001 an der University of Florida, 2006 an der ESADE in Barcelona und 2008 an der Massey University in Auckland. Thomas Rudolph ist Verfasser von mehr als 10 Büchern und über 350 Artikeln zu Marketing- und Handelsthemen in renommierten Zeitschriften wie beispielsweise dem Journal of Marketing, dem Journal of Retailing, dem Journal of the Association for Consumer Research oder dem Harvard Business Manager. Als Verwaltungsrat namhafter internationaler Unternehmen, Coach und Experte steht er in engem Kontakt mit den Medien und der Praxis.

Abbildungsverzeichnis

Tabellenverzeichnis

Einleitung

1

Wann haben Sie das letzte Mal ein Lied als MP3 gekauft? Wahrscheinlich kommt Ihnen dies genauso antiquiert vor wie der Kauf eines Musikalbums als CD, geschweige denn als Vinylplatte. Wobei…letztere erleben ja gerade eine kleine Renaissance. Aber lassen Sie uns nicht abschweifen. Fakt ist, dass Sie wahrscheinlich eine der weit verbreiteten Streaming-Dienste wie Spotify, Apple Music oder Deezer nutzen, um Ihre Lieblingsmusik zu hören. Wahrscheinlich fällt Ihnen schon gar nicht mehr auf, dass Sie hierbei nicht mehr für den Konsum eines einzelnen Lieds zahlen; ein Ding der Vergangenheit. Monatliche Pauschalbeträge zu entrichten, ist Ihnen vermutlich schon so in Mark und Bein übergegangen, dass Sie regelmässige Kosten wie bei Ihrem Netflix Streaming-Abonnement als vollkommen normal ansehen. Der Punkt, auf den wir hinaus möchten, ist, dass sich exakt diese Abonnementmechanik in der heutigen Konsumgesellschaft schnell verbreitet und kein Ende dieser Entwicklung in Sicht ist.

Die „Aboisierung" greift lauffeuerartig um sich. Beispielsweise ermöglicht Ihnen Porsche in ausgewählten Städten der USA die Nutzung verschiedenster Porsche Sportwägen, wenn Sie das Abonnement „Porsche Passport" ab 2100 USD im Monat abschliessen (Porsche 2019). Je nachdem, ob Sie für den Ausflug an den Strand ein Cabriolet benötigen oder die Gerätschaften für Ihren Skiurlaub in einem SUV unterbringen müssen, die Porsche Subskription erlaubt Ihnen ebenjene Flexibilität. Verglichen mit den ca. 1000 USD Leasingkosten eines 2019er Porsche Cayenne lässt sich der Subskriptionsanbieter diese Flexibilität ansehnlich vergüten – wobei die Subskription keine Mindestlaufzeit oder Anzahlung in Höhe von 20 % des Fahrzeugpreises erfordert. Lohnt sich die Einführung von Subskriptionen demnach überhaupt für Unternehmen?

Subskriptionen können in der Tat sehr profitabel sein. IKEA versucht sich derzeit an verschiedenen Formen von Möbelsubskriptionen (Güntert 2019). In der

© Springer Fachmedien Wiesbaden GmbH, ein Teil von Springer Nature 2020
S. F. Bischof und T. Rudolph, *Subskriptionsmodelle im Handel,* essentials,
https://doi.org/10.1007/978-3-658-29678-0_1

Schweiz ist es möglich, eine komplette Büroeinrichtung zu abonnieren. Zum Tragen kommt hierbei ein Prinzip, welches wir als „Easy In, Hard Out" bezeichnen. Aus Kundensicht ist es attraktiv, kleinere monatliche Subskriptionsgebühren an IKEA zu überweisen, anstatt eine grosse Einmalzahlung zu leisten. Die Subskription verringert die zu Beginn anfallende Investition und schafft so einen kostengünstigen Einstieg: „Easy In". IKEA bietet den Subskriptionskäufern an, zu jeder Zeit die Möbel zum Vollpreis, je nach Nutzungsdauer u. U. mit einem Abschlag, als Eigentum zu erwerben. Mit zunehmender Subskriptionsdauer, und dementsprechend bereits geleisteten Zahlungen, lohnt sich aber der Kauf der Einrichtung nicht mehr, beispielsweise wenn die bereits geleisteten Subskriptionszahlungen nach ein bis zwei Jahren den Warenwert der Einrichtung überstiegen haben. Insofern macht nach zwei Jahren nur noch der weitere Verbleib in der Subskription Sinn: „Hard Out". Das Subskriptionsmodell könnte sich für IKEA daher, je nach Nutzungsdauer und -intensität der Kunden, als äusserst profitabel erweisen.

Subskriptionen können auch als Komplementärdienstleistungen eingesetzt werden, um Sortimente oder Produkte mit einem Mehrwert zu versehen. Da wäre der Klassiker Amazon Prime, den bereits 82 % aller US-Haushalte mit einem Einkommen über 112.000 USD abonniert haben (Molla 2017). Der Umsatz, den Amazon mit diesem Abonnement für Zusatzdienstleistungen wie Expresslieferungen oder Medienangebote verzeichnet, wird für das Jahr 2020 auf bis zu 20 Mrd. USD geschätzt (Berg und Knights 2019, S. 39). Das New Yorker Unternehmen Peloton vertreibt nicht nur Heimtrainer, sondern auch einen Streamingdienst, mit dem von Profisportlern geführte Fitnesskurse auf dem Bildschirm des Heimtrainers abgespielt werden können (Peloton 2019). Selbstredend gesellt sich die monatliche Gebühr für den Streamingdienst in Höhe von 39 USD zum schon stattlichen Beschaffungspreis des Heimtrainers von über 2000 USD hinzu. Vielleicht haben Sie ja nun das ein oder andere Angebot entdeckt, welches auch Ihr Leben etwas einfacher gestalten könnte.

Doch machen Sie hier noch nicht Halt. Subskriptionen verbreiten sich nun auch in der letzten Bastion der Konsumgesellschaft: im Einzelhandel. Wer träumt nicht manchmal davon, sich des Wocheneinkaufs oder des Kleidershoppings zu entledigen, um noch mehr Zeit für die eigene Familie zu haben oder schlichtweg das Wochenende zu geniessen? Wahrscheinlich gab es in Ihrem Leben bereits so manchen Tag, an dem Sie ähnlich dachten. Mit dem kuratierten Shoppingdienst Zalon von Zalando können Sie die Suche nach neuen Outfits gänzlich an Ihren persönlichen Stylisten auslagern und erhalten regelmässig individuell auf Ihre Bedürfnisse abgestimmte Mode.

Doch falls Sie denken, Subskriptionen seien nur das Allheilmittel zur Vereinfachung des Einkaufs und damit lediglich eine Art moderner Page für ungeliebte

Tätigkeiten, dann liegen Sie, mit Verlaub, daneben. Mitunter sind Subskriptionen sogar ein Mittel zur Inspiration, besonders wenn sie, wie beispielsweise die Kosmetiksubskription Glossybox, einen Überraschungsmechanismus enthalten, der Sie regelmässig mit den neuesten Produkten versorgt und Sie über die neuesten Trends informiert.

Im Nachfolgenden beleuchten wir das Phänomen von Subskriptionen in unserer Wirtschaft. Wie Sie in unserem Buch lernen, unterscheidet sich die Welt physischer Konsumgüter von den bereits erwähnten digitalen Abonnements. Da es sich nicht um digitale, leicht skalierbare Produkte handelt, bedarf es einer anderen Orchestrierung verschiedener Dienstleistungen, um Subskriptionen profitabel zu gestalten. Wir zeigen Ihnen, wie Sie Subskriptionen nutzen können, um Ihr Serviceangebot zu erweitern und die Beziehung zu Ihren Kunden noch begeisternder zu gestalten.

1.1 Relevanz von Subskriptionen im Handel

Seit geraumer Zeit beobachten wir mehr Subskriptionsanbieter wie z. B. Outfittery oder HelloFresh, die ihren Kunden in regelmässigen Abständen wiederkehrende Lieferungen von Konsumgütern zusenden.

Das Abonnement-Modell ist ein neues Geschäftsmodell, das bei Verbrauchern und Investoren an Beliebtheit gewinnt. Subskriptionen sind Vereinbarungen zwischen Unternehmen und Verbrauchern über wiederkehrende Lieferungen von Produkten und Dienstleistungen (Grewal et al. 2017; Reinartz 2016). Als Dollar Shave Club oder Harry's, zwei Anbieter von Rasierklingensubskriptionen, im Jahre 2016 und 2019 von den Konsumgüterkonzernen Unilever und Edgewell für jeweils 1 Mrd. USD übernommen wurden, galt dies weithin als Bestätigung der Relevanz von Subskriptionen. Diese Entwicklung markiert einen weiteren Meilenstein, der den technologiebedingten Wandel des Einzelhandels – von der physischen Dimension in die digitale Welt – repräsentiert (Grewal et al. 2012; Kumar und Reinartz 2016; Shankar und Yadav 2011).

Abonnements eignen sich aber nicht nur für den Kauf von Gebrauchsgütern, wie die Lieferung von Rasierklingen oder Socken, sondern auch für Erlebnisgüter bzw. hedonisch geprägte Kategorien wie Kosmetik, Schmuck und Mode. Eine Studie des Beratungsunternehmens McKinsey erkannte für Subskriptionen ein jährliches Marktwachstum von über 100 % (Chen et al. 2018). Ferner erzielten Subskriptionen von Konsumgütern im Jahr 2016 in den Vereinigten Staaten von Amerika bereits einen Umsatz von rund 2,6 Mrd. USD (Chen et al. 2018). Darüber hinaus hat eine Reihe von nur 57 Konsumgüterabonnements-Anbietern bis

2016 insgesamt 1,4 Mrd. USD an Risikokapitalfinanzierung erhalten (CB Insights 2016). Auch nimmt die Anzahl an Subskriptionsanbietern in verschiedenen Kategorien wie Kosmetik, Mode, Lebensmittel, Getränke sowie Dekor und Wohnungseinrichtungen stetig zu. CrateJoy, ein Marktplatz von unterschiedlichen Subskriptionsanbietern in den USA, geht derzeit von mehr als 2700 Abonnementboxen aus (Cratejoy 2018). Die zahlreichen Beispiele zeugen von einer zunehmenden Attraktivität von Konsumgüterabonnements in der Wirtschaft, denn es winken höhere Gewinne. Nach einer Umfrage der Marktforschungsorganisation „Economist Intelligence Unit" unter 293 Führungskräften aus den USA, Grossbritannien und Australien (siehe Abb. 1.1) ergab sich bereits 2013, dass 40 % der befragten Unternehmen an der Einführung von Subskriptions- und Abomodellen arbeiteten (Economist 2013). Damit lagen Subskriptionen in dieser Studie vor Miet- oder Leasingmodellen, die nur von 27 % bzw. 17 % der Führungskräfte genutzt wurden. Trotz dieser sehr optimistischen Einschätzung wollen wir in diesem Buch die kritische Distanz zu unserem Untersuchungsgegenstand nicht verlieren. Wir erkennen in Subskriptionen nicht das Allheilmittel für Umsatzprobleme in unserer Wirtschaft. Allerdings bieten sich unter bestimmten Rahmenbedingen durchaus Chancen, Konsumenten bessere Lösungen anzubieten, die sich für Unternehmen unter wirtschaftlichen Gesichtspunkten lohnen und auch zu drängenden Fragen in der Klima- und Umweltpolitik Anregungen liefern.

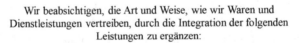

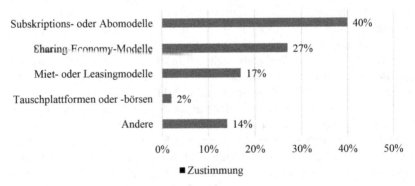

Abb. 1.1 Die Bedeutung neuer Konsummodelle. (Quelle: Economist 2013)

Subskriptionen blicken auf eine lange Historie zurück und sind gewiss kein gänzlich neues Phänomen (siehe Abb. 1.2). Man erinnere sich beispielsweise an den im letzten Jahrhundert noch beliebten Milchmann, der regelmässig die Milch an die Haustür lieferte. Weit vorher gab es bereits im Mittelalter Subskriptionen zu Landkarten, die permanente Grenzveränderungen durch Fehden und Kriege festhielten.

In der Neuzeit hat das Unternehmen Blacksocks als eine der ersten Firmen das Subskriptionsmodell auf den Schweizer Markt gebracht. Blacksocks beliefert seine Abonnenten seit 1990 mit von Kunden ausgewählten oder vom Unternehmen ausgesuchten Socken. Doch erst mit Beginn der zweiten Dekade des 21. Jahrhunderts etablierte sich das Erlösmodell zunehmend im Bereich von physischen Konsumgütern. Seither entwickelten sich Subskriptionen zu einer interessanten Alternative zum sogenannten „Einmalkauf" von Gütern und Dienstleistungen.

Das Aufkommen von Subskriptionen ist dabei getrieben von einem grundlegend veränderten Konsumentenverhalten: Konsumenten erwarten heute immer mehr Bequemlichkeit und können mit Subskriptionen ihren Konsum automatisieren. Zudem befriedigen Subskriptionen mit Überraschungscharakter das Bedürfnis nach Inspiration. Mittlerweile sind viele Konsumenten mit Subskriptionen in Kontakt gekommen und etliche internationale Anbieter beleben das Angebot in Europa. Nach den Ergebnissen unserer repräsentativen Kundenbefragung aus dem Jahr 2018 hatten 30 % aller Deutschschweizer bereits einmal eine Produktsubskription gekauft. 18 % besassen zum Zeitpunkt der Befragung ein aktives Abonnement (Rudolph et al. 2019). Dieser Wert liegt gleich auf mit den USA, wo im Jahr 2017 ca. 15 % der Konsumenten eine Produktsubskription gekauft haben.

Subskriptionskäufer zählen in der Bevölkerung zur „Frühen Mehrheit" oder im Englischen zu den sogenannten „Early Adopters", die gerne neue Angebote

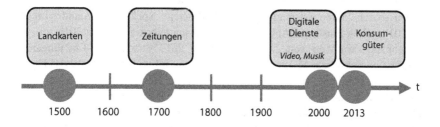

Abb. 1.2 Entwicklung von Subskriptionen. (Quelle: Rudolph et al. 2017)

ausprobieren. Zudem ist die Risikoneigung bei Subskriptionskäufern signifikant höher als bei Nicht-Abonnenten. Subskriptionskäufer sind tendenziell jünger und besitzen ein höheres Bruttohaushaltseinkommen. Sie sehen sich selbst als Experten des Marktes und der Produkte, sind tendenziell risikoaffiner, und erachten Einkaufen eher als Abenteuer. Männer interessieren sich tendenziell stärker für die selbst vorbestimmte Kaufautomatisierung (bspw. Rasierklingenabos), während hedonische Subskriptionen mit Überraschungsfaktor (bspw. Kosmetiküberraschungsboxen) verstärkt von Frauen gekauft werden.

Obwohl die meisten Subskriptionen von Startups und Kleinunternehmen angeboten werden, erreichen diverse Anbieter schon heute eine hohe Bekanntheit. Knapp die Hälfte der befragten Deutschschweizer haben von den zehn grössten Subskriptionsanbietern gehört. Einzelne Anbieter wie beispielsweise Mondovino (69 %) oder Outfittery (80 %) erreichen überdurchschnittlich hohe Bekanntheitswerte. Die restlichen Anbieter erzielen ebenfalls beachtliche Bekanntheitswerte, welche für die Top 10 Subskriptionsanbieter im Schnitt um die 35 % betragen.

Doch das Geschäft mit Subskriptionen ist kein leichtes Unterfangen. Viele Anbieter leiden unter hohen Abwanderungsraten. Blue Apron, ein amerikanischer Subskriptionsanbieter, der wöchentlich Pakete mit Lebensmitteln und Rezepten verschickt, soll nach der zweiten Lieferung bereits wieder 50 % der Abonnenten verlieren (Kessler 2016). Obwohl diese Zahl vom Unternehmen nicht bestätigt wurde, ist die hohe Abwanderungsrate, neben der Kundengewinnung, ein Hauptproblem. Andere Quellen sehen die Abwanderungsrate von Lebensmittelabonnements bei etwa 10 %, während diejenigen von digitalen Subskriptionen wie Netflix und Spotify nur bei 1 % bzw. 5 % liegen (Economist 2018). Aber auch die Kundengewinnung stellt viele ungelöste Fragen. So investieren Subskriptionsanbieter grosse Summen, indem sie hohe Rabatte bei einer Bestellung ausloben, was die Rentabilität schmälert. Rabatt- und Werbekosten lassen momentan kaum Gewinne zu.

Es verwundert daher nicht, dass viele Subskriptionsanbieter die ökonomischen Erwartungen ihrer Investoren nicht erfüllen konnten. 13 % aller Aboanbieter, die in den letzten Jahren entstanden sind, haben bereits Konkurs angemeldet (Segran 2018). HelloFresh, ein Anbieter von Lebensmittelboxen, musste 2016 seinen Börsengang zum Wert von 2,6 Mrd. USD auf 2017 verschieben. Ein jüngeres Opfer ist im Schweizer Markt zu verzeichnen, wo Lidl im Februar 2019 das Ende seiner Lidl Menübox verkündet hat. Ähnlich wie HelloFresh bot Lidl seinen Abonnenten wöchentlich wechselnde, von einem Starkoch zusammengestellte Rezepte samt den benötigten Zutaten an. Vermutlich war das Kaufinteresse zu gering. Immerhin kannten, nach den Ergebnissen unserer Studie, die Hälfte der Deutschschweizer die Lidl Menübox, aber nur 2 % entschlossen sich zum Kauf derselben. Die Kaufabschlussrate lag im Verhältnis zu den Werbeausgaben viel zu niedrig.

Die Lehren aus vielen gescheiterten Versuchen lassen sich in drei Punkten zusammenfassen. Erstens müssen Subskriptionen ein relevantes Bedürfnis treffen. Es braucht eine bereits bestehende Nachfrage auf der Kundenseite nach solchen Angeboten. Erst dann sollten sich Unternehmen mit Subskriptionen befassen. Zweitens braucht es einen langen Atem. Unternehmen sollten bereit sein, das Angebot zu optimieren und eine längere Zeitspanne dafür einzuplanen. Drittens sind die bestehenden Produkte innovativ in ihrer Kombination zu vermarkten, um das bestehende Grundinteresse bei ihren Kunden zu erhöhen. In dieser Hinsicht unterscheiden wir vier Arten von Subskriptionsangeboten.

Jede dieser vier Arten verspricht Konsumenten einen anderen Nutzen. Subskriptionen gibt es sowohl in überraschenden als auch weniger überraschenden Formen. Bei einigen Angeboten wählen Konsumenten gezielt den Subskriptionsinhalt selbst aus, während sie im Falle von Überraschungsboxen den Inhalt nicht kennen. Unser Buch liefert aus diesem Grunde zunächst eine Beschreibung der grundsätzlichen Anwendungsfelder und Wirkungsmechanismen für Subskriptionen. Darüber hinaus geben wir zum Phänomen der Überraschung, welches bei einigen Grundtypen von Subskriptionen eine zentrale Rolle spielt, wertvolle Anregungen. Denn Überraschung kann aus Kundensicht schnell zu viel sein. Die richtige Dosis bestimmt, ob eine Subskription langfristig Kunden beglückt oder nach der ersten Lieferung abbestellt wird. Vor diesem Hintergrund bieten wir in dieser kompakten Zusammenstellung unserer Forschungsarbeit eine wissenschaftlich fundierte aber gleichwohl praxisorientierte Sichtweise auf dieses spannende wie einflussreiche Phänomen von Subskriptionen in unserer Wirtschaft.

1.2 Beschreibung der empirischen Studien

In diesem Buch fassen wir die Ergebnisse zweier empirischer Studien zusammen: einer quantitativen Befragung von 568 Konsumenten zu ihrer Erfahrung mit Subskriptionen (Rudolph et al. 2019) und einer qualitativen Managementbefragung von Geschäftsführern internationaler Subskriptionsanbieter (Rudolph et al. 2017). Die Teilnehmer der quantitativen Konsumentenstudie stammen aus der Deutschschweiz und sind für die dortige Bevölkerung repräsentativ hinsichtlich Einkommen, Alter und Geschlecht. Rekrutiert wurden diese über ein Online-Panel eines anerkannten Marktforschungsunternehmens. Die qualitative Managementstudie befragte sieben Führungskräfte verschiedener erfolgreicher internationaler Abonnementfirmen aus den drei Branchen Lebensmittel, Mode und Kosmetik.

Die Erkenntnisse aus beiden Studien beschränken sich nicht auf bestimmte Warengruppen, sondern liefern allgemeingültige Erkenntnisse zu Subskriptionen im Handel. In unseren Analysen treffen wir relationale Aussagen, beispielsweise zwischen verschiedenen Käufertypen, und fördern so generalisierbare Erkenntnisse zutage, die nicht auf das Land der Erhebung begrenzt sind. Besonders die Einblicke in das Verhalten von Subskriptionskäufern, gepaart mit dem tatsächlichen Nutzungs- und Kaufverhalten von Verbrauchern in der Schweiz, ermöglichen einen ganzheitlichen Blick auf verschiedene Grundarten von Subskriptionen.

1.3   Struktur des Buchs

Angesichts der Neuartigkeit von Subskriptionen im Handel erstreckt sich dieses Buch sowohl auf die Verbraucher- als auch auf die Managementperspektive und zielt darauf ab, einen ganzheitlichen Einblick in die Funktionsweise von Subskriptionen zu bieten.

Das erste Kapitel umreisst die vier Grundarten von Subskriptionen im Handel. Subskriptionen lassen sich mittels zweier Dimensionen unterscheiden: dem Überraschungs- und dem Personalisierungsgrad. Dabei befriedigen die vier von uns identifizierten Subskriptionsarten verschiedene Kundenbedürfnisse und erfordern unterschiedliche unternehmerische Expertise. Beispielsweise muss ein Anbieter mit kuratiertem Überraschungsmechanismus die individuellen Geschmäcker der einzelnen Kunden treffen, während eine generelle Überraschungssubskription ohne Personalisierungsaspekt kein derartig individuelles Versprechen an Kunden leistet und nicht denselben kundenspezifischen Aufwand erfordert.

Das zweite Kapitel geht dediziert auf die Eigenschaften von Subskriptionskäufern ein. Wir stellen die generellen Eigenschaften von Subskriptionskäufern denjenigen gegenüber, die Subskriptionen bislang gemieden haben. Diese Abhandlung identifiziert akute Käufernischen, welche einen realistischen Blick auf die Anwendungsbereiche von Subskriptionen zulassen. Aufgrund ihrer Neuartigkeit sprechen Subskriptionen, zumindest derzeit, besonders risikofreudige Abenteurer und Kategorieexperten an.

Das dritte Kapitel präsentiert ein sechsstufiges Rahmenmodell zur Implementierung von Subskriptionen. Getreu der Ausrichtung dieses Buchs, sowohl Management- als auch Konsumentenperspektive zu vereinen, erlaubt das Rahmenmodell die Strategieableitung in Einklang mit der Expertise eines Unternehmens und den Bedürfnissen seiner Kunden. Eine bedürfnisgerechte Auswahl des jeweiligen Subskriptionstyps ermöglicht die Einführung einer Subskription, welche den Dienstleistungscharakter des jeweiligen Unternehmens sichtbar erhöht.

Die vier Grundtypen von Subskriptionen

2

Wie eingangs erwähnt, agiert eine Vielzahl von Anbietern im Subskriptionsmarkt. Allein in den USA zählt der Subskriptionsmarktplatz mehr als 2700 Anbieter (Cratejoy 2018). Diese Anbieter unterscheiden sich teils stark voneinander, weshalb eine Typologie der im Markt existierenden Subskriptionsanbieter zweckmässig erscheint. Zur Verdeutlichung der Unterschiede der einzelnen Subskriptionstypen greifen wir vereinzelt Ergebnisse aus der in Abschn. 1.2 erwähnten Subskriptionsstudie auf (Rudolph et al. 2019), welche für die Deutschschweiz repräsentative Erkenntnisse zur Nutzung von Subskriptionen liefert.

Die nachfolgende Typologie von Subskriptionen beschreibt aus Gründen der Einheitlichkeit und Vergleichbarkeit nur Subskriptionen, die den unmittelbaren Erwerb von physischen Konsumgütern zum Ziel haben. Nur so lässt sich eine handelsbezogene Typologie erstellen, die sich nicht mit Subskriptionen für digitale Dienste wie beispielsweise Spotify oder Netflix überschneidet. Diese unterliegen anderen Mechanismen, dergestalt, dass sie einerseits keine zusätzlichen Grenzkosten auslösen und gleichzeitig von allen Konsumenten genutzt werden können. Beides ist bei physischen Produkten nicht der Fall.

2.1 Typologie zu Subskriptionen

Unsere Typologie (siehe Abb. 2.1) greift die bisher nur getrennt betrachteten überraschungs- und nutzenbezogenen Argumente bisheriger Subskriptionstypologien auf (Bischof et al. 2019). Sie basiert auf zwei Dimensionen: dem Überraschungsgrad und dem Personalisierungsgrad. Im Rahmen des Überraschungsgrades kann eine Subskription eher erlebnisorientiert oder transaktional ausgeprägt sein; je nachdem ob ein Überraschungsmechanismus vorhanden ist

© Springer Fachmedien Wiesbaden GmbH, ein Teil von Springer Nature 2020
S. F. Bischof und T. Rudolph, *Subskriptionsmodelle im Handel*, essentials,
https://doi.org/10.1007/978-3-658-29678-0_2

Abb. 2.1 Die vier Grundtypen von Konsumgütersubskriptionen. (Quelle: Eigene Darstellung in Anlehnung an Bischof 2019)

oder nicht. Im Rahmen des Personalisierungsgrades gehen Anbieter beim Käufer entweder von einer spezifischen persönlichen Erwartungshaltung oder unspezifischen Bedürfnissen aus; je nachdem ob die Produktinhalte der Subskription auf die Präferenzen einzelner Kunden abgestimmt werden oder nicht.

Es ergeben sich vier Quadranten und damit vier Grundtypen von Abonnements: Predefined, Access, Curated und Surprise. Eine Predefined Subskription ist eine transaktionale und personalisierte Subskription, weil Käufer ein Produkt vordefinieren, welches sie in regelmässigen Abständen erhalten. Eine Access Subskription ist ebenso transaktional, aber weniger personalisiert, weil Käufer hier vor Abschluss der Subskription nicht wissen, welche Produkte erworben werden können. Access Subskriptionen ermöglichen den Kauf von speziellen Produkten, welche ohne ein Abonnement nicht erworben werden können, und erfordern so eine höhere Bereitschaft für Produktvielfalt von ihren Käufern. Surprise und Curated Subskriptionen sind beide erlebnisorientiert, weil sie ihren Käufern Boxen mit Überraschungsinhalt liefern. Die Curated Subskription ist im Gegensatz zur Surprise Subskription aber personalisiert und fordert von Kunden eine tiefere Bereitschaft zur Produktvielfalt. Im Idealfall entsprechen die gelieferten Produkte den individuellen Präferenzen.

Hinsichtlich des Überraschungsmechanismus sei angemerkt, dass dieser sowohl zu positiven als auch negativen Konsumerlebnissen führen kann. Sich von neuen und überraschenden Produkten inspirieren zu lassen und so seine Kenntnis einer gewissen Produktkategorie auszubauen, stellt ein positives Merkmal von überraschenden Subskriptionen dar. Das Risiko hingegen, unattraktive und unerwünschte Produkte zu erhalten, wirkt grundsätzlich negativ auf das Konsumerlebnis. Speziell wenn eine Curated Subskription verspricht, zu den individuellen Präferenzen passende Produkte zu liefern, kann sich eine enttäuschende Lieferung, aufgrund erhöhter Erwartungen, umso negativer auf das Kundenerlebnis auswirken. Überraschungsabonnements bergen daher risikobedingte Schwierigkeiten sowohl für Anbieter als auch für Verbraucher. Je nachdem, ob Verbraucher die gelieferten Artikel vorab kontrollieren und damit prüfen können, ob diese Artikel ihren individuellen Präferenzen entsprechen, weisen Subskriptionen ein unterschiedliches Mass an Unsicherheit und Risiko für den Verbraucher auf. Die nachfolgenden Unterkapitel widmen sich den vier einzelnen Subskriptionstypen.

2.2 Predefined Subskriptionen

2.2.1 Definition und Nutzenversprechen

Predefined Subskriptionen kommen gänzlich ohne Überraschung aus und bieten Kunden bestimmte Produkte an, welche diese selbst ausgewählt haben. Diese Subskriptionsart bietet ein Höchstmass an Bequemlichkeit: häufig genutzte Produkte werden automatisch wiederaufgefüllt.

Amazon bietet bereits seit 2007 in vielen Ländern eine Dienstleistung namens „Subscribe & Save" an, welche den Einzelkauf ersetzt (Berg und Knights 2019, S. 95). Käufer können z. B. für Lebensmittel oder Haushaltsartikel ein Abonnement abschliessen, statt diese aufwendig einzeln zu kaufen. Dabei kann der Käufer die Liefermenge sowie den Abstand zwischen den Lieferungen selbst bestimmen, von monatlichen bis halbjährlichen Intervallen. Im Gegenzug gewährt Amazon den Subskriptionskäufern einen Rabatt auf die ausgewählten Artikel von bis zu 15 % (Berg und Knights 2019, S. 95).

Das amerikanische Unternehmen Dollar Shave Club bietet Rasierer und Rasierköpfe per Subskription an. Blacksocks, ein Schweizer Hersteller von Herrenunterwäsche und einer der ältesten Subskriptionsanbieter, verkauft Socken und andere Modeartikel im Abo. Menge und Lieferintervall werden dabei vom Kunden selbst bestimmt. Während der gesamten Laufzeit einer Subskription ändern sich die bestellten Produkte nicht, sodass die Verbraucher genau wissen, welche Produkte sie erhalten. Predefined Subskriptionen bergen kein Risiko. Kunden haben volle Transparenz über die per Abonnement bezogenen Produkte.

2.2.2 Kaufmotive und Konsumentenverhalten

Predefined Subskriptionen zielen darauf ab, den regelmässigen Erwerb bestimmter Produkte zu automatisieren. Hierbei handelt es sich besonders um Produkte, die keine sonderlich grosse emotionale Rolle im Leben der Konsumenten spielen. Komfort und Bequemlichkeit scheinen die wichtigsten übergeordneten Kaufmotive für diese Subskriptionsart zu sein. Predefined Subskriptionen sind somit transaktional zu positionieren. Sie werden dann nachgefragt, wenn Konsumenten ein Hauptbedürfnis nach Convenience beim Kauf eines gewissen Produkts oder einer gewissen Produktkategorie haben.

Diese Subskriptionsart kann den regelmässigen Einkauf ersetzen und ist auch in den USA, wo Subskriptionen eine grosse Popularität geniessen, besonders beliebt. Ein Hauptkaufgrund für Predefined Subskriptionen besteht im regelmässigen Bedarf. Ganze 22 % der Käufer von Predefined Subskriptionen sehen den regelmässigen Bedarf als Hauptkaufgrund an, verglichen mit nur 18 % bei Curated-, 13 % bei Surprise- und 10 % bei Access Subskriptionen. Unserer Erhebung zufolge sind Subskriptionskäufer in hohem Masse apathisch gegenüber jener Produktkategorie, die sie über eine Predefined Subskription beziehen. Dies bedeutet, dass sie den Einkauf dieser Produkte als Last ansehen und nur ungerne vornehmen.

2.3 Curated Subskriptionen

2.3.1 Definition und Nutzenversprechen

Der Hauptnutzen von Curated Subskriptionen liegt in der Komplexitätsreduktion. Curated Subskriptionen befriedigen den Wunsch nach Abwechslung und Personalisierung und dienen in allererster Linie der Vereinfachung von Kaufentscheidungsprozessen. Diese Subskriptionsart wird von Konsumenten besonders geschätzt, wenn sie beim Kauf Hilfestellung benötigen. Diese wird in Form einer individuellen Kuratierung von Produktvorschlägen geleistet. Mit dem Zusammenstellen von Produkten kommt es zu einer überschaubaren Überraschung, zumal persönliche Vorlieben berücksichtigt werden.

Anbieter wie Stitch Fix, Birchbox, Sephora Play! und HelloFresh führen kuratierte Subskriptionen für Mode, Kosmetik und Lebensmittel in ihrem Angebot. Sie versenden Überraschungsboxen, deren Inhalte vom Anbieter ausgewählt werden, aber auf die individuellen Präferenzen der Abonnenten zugeschnitten sind.

Wenngleich der Personalisierungsgrad dieser Boxen von Anbieter zu Anbieter variiert, werden die Inhalte den individuellen Präferenzen angepasst. Stitch Fix bietet einen besonders hohen Personalisierungsgrad und stellt für jeden Kunden ein eigenes Paket mit Modeartikeln zusammen. HelloFresh hingegen versendet wöchentlich eine begrenzte Anzahl an Menüboxen und unterbreitet diesbezüglich eine kundenspezifische Empfehlung. Wenngleich HelloFresh seine Boxen nicht individuell zusammenstellt, wird durch die Empfehlung dennoch eine Kuratierungsleistung erbracht. Alle diese Anbieter vereint der Wille, jedem Kunden eine individuelle Empfehlung auszusprechen.

2.3.2 Kaufmotive und Konsumentenverhalten

Käufer von Curated Subskriptionen sind grösstenteils risikoavers und wünschen sich eine Vereinfachung ihres Einkaufsprozesses. Es existieren weitere Motive wie Abwechslung oder Zeitersparnis. Der durch die Kuratierung abgeschwächte Überraschungsaspekt hilft Verbrauchern, neue Produkte zu entdecken, was den Reiz dieser Subskriptionsart zusätzlich ausmacht. Mit 39 % ist das Motiv, Neues zu entdecken, bei dieser Subskriptionsart höher ausgeprägt als bei den anderen drei Subskriptionstypen.

Kuratierte Subskriptionen wecken ein hohes Interesse, vermögen aber nicht zu überzeugen. Anbieter von Curated Subskriptionen leiden unter den höchsten Kündigungsraten. Gemäss unserer Studie kündigen 30 % der Käufer von Curated Subskriptionen innerhalb des ersten Monats; ergo nach der ersten Lieferung. Dieser Anteil ist viel höher als bei Predefined-, (14 %), Surprise- (20 %) und Access Subskriptionen (20 %). Als Hauptkündigungsgrund wird von 21 % aller Abonnenten eine wenig überzeugende Produktauswahl angegeben.

Trifft eine Curated Subskription aber den Geschmack eines Käufers, hat sie das grösste Potenzial zur Kundenbindung. Immerhin 24 % der von uns befragten Konsumenten abonnierten eine kuratierte Subskription länger als 2 Jahre; ein höherer Anteil als bei Predefined- (17 %), Surprise- (8 %) und Access Subskriptionen (5 %). Trotz dieser vergleichsweise guten Werte besteht ein erhebliches Verbesserungspotenzial im Leistungsangebot.

2.4   Surprise Subskriptionen

2.4.1   Definition und Nutzenversprechen

Surprise Subskriptionen besitzen einen hoch ausgeprägten Überraschungsmechanismus. Sie befriedigen erlebnisorientierte Bedürfnisse und erfordern
eine hohe Bereitschaft für Produktvielfalt, da sie Abonnenten mit neuen und
unerwarteten Produkten bedienen. Anbieter wie Glossybox, Try the World
und Sprezzabox liefern, ebenso wie Curated Subskriptionen, Boxen mit über-
raschendem Produktinhalt. Kunden haben bei Surprise Subskriptionen aber vor
dem Erwerb weder Kontrolle noch Vorwissen über die spezifischen Produkte,
die sie im Rahmen der Subskription erhalten. Surprise Subskriptionen gelten als
allgemeine Überraschungsabonnements, da Verbraucher kein Mitspracherecht
bei der Auswahl der versandten Artikel haben und im Vergleich zu Curated Subskriptionen eine Auswahl an Produkten erhalten, die nicht auf ihre individuellen
Präferenzen zugeschnitten ist.

Sowohl Surprise Subskriptionen als auch Curated Subskriptionen befriedigen
darüber hinaus ein Bedürfnis nach Inspiration mit neuen Produkten. Surprise
Subskriptionen sind jedoch aus der Anbieterperspektive um ein Vielfaches riskan-
ter, da Abonnenten kein Mitspracherecht bei der Zusammenstellung der Boxen
haben. Glossybox, eine Surprise Subskription für Kosmetik, stellt ihren Abonnenten beispielsweise monatlich eine Lieferung zu, welche für alle Kunden die gleichen Produkte enthält.

2.4.2   Kaufmotive und Konsumentenverhalten

Surprise Subskriptionen bieten Abwechslung, Erlebnis und Anregung für Neues.
Doch der Nervenkitzel durch den hohen Überraschungsgrad sowie das Risiko,
ungewünschte Produkte zu erhalten, verlangt Offenheit. Der Wunsch, neue Produkte oder Marken auszuprobieren, ist bei Surprise Subskriptionen ein zen-
traler Kaufgrund. 30 % der Käufer geben als Hauptkaufgrund an, mit dieser
Subskription etwas Neues ausprobieren zu wollen. Überraschungskäufe repräsentieren emotionale und hedonische Käufe und werden mit Gefühlen der Freude in
Verbindung gebracht.

Diese Produkte regelmässig zu benötigen, ist nur für 13 % der Befragten ein
Hauptkaufgrund, verglichen mit 18 % bei Curated Subskriptionen. Eine Möglichkeit, flexibel zu kündigen, wird bei Surprise Subskriptionen (13 %) daher im

Vergleich zu Curated Subskriptionen (2 %) als sechsmal wichtiger empfunden. Für 22 % der Surprise Käufer besteht der Hauptkündigungsgrund darin, Produkte erst dann kaufen zu wollen, wenn sie effektiv benötigt werden. Surprise Subskriptionen eignen sich daher nicht zur Bedarfsdeckung, sondern stellen mit ihrem Überraschungsmechanismus das Erlebnis in den Vordergrund.

Käufer von Surprise Subskriptionen besitzen eine hohe Ausprägung der Merkmale von Abenteuerkäufern. Ihnen macht es Spass, in der jeweiligen Produktkategorie einzukaufen, sie setzen sich gerne mit Produktneuerungen auseinander und sind generell am Einkaufen interessiert, egal ob stationär oder digital. Abenteuerkäufer äussern sich besonders durch ihre Risikoaffinität und scheuen nicht davor zurück, Neuerungen zu erwerben. Aufgrund der weitestgehend vollständigen Absenz von transaktionalen Kaufmotiven schickt es sich für Surprise Subskriptionen an, echte Überraschungen mit hohem Neuheitscharakter zu versenden und den Erlebnischarakter zu betonen – je exklusiver das Sortiment und die Aufmachung, desto besser.

2.5   Access Subskriptionen

2.5.1   Definition und Nutzenversprechen

Access Subskriptionen beschreiben einen vierten Subskriptionstyp, welcher sich von den bisherigen drei unterscheidet. Dieser Typ einer Subskription ermöglicht den Kauf von exklusiven Angeboten. Diese exklusiven Angebote bestehen sowohl in Form von exklusiven Produkten als auch in Form von reduzierten Preisen. Dieses auf ein bestimmtes Bedürfnis ausgerichtete Sortiment befindet sich, wie bei Online-Zeitungen häufig der Fall, hinter einer Paywall und steht nur Abonnenten zur Verfügung.

Unternehmen wie JustFab, Thrive Market und Swarovski Crystal Society erheben eine Gebühr für die Mitgliedschaft in ihren jeweiligen Mode-, Lebensmittel- und Dekorationsclubs. Diese Anbieter erlauben ihren Mitgliedern, wie im Falle der Swarovski Crystal Society, exklusive Produkte zu kaufen, die nicht im Stationärhandel zu beziehen sind. Thrive Market bietet seinen Kunden rein natürliche und biologische Lebensmittel zu reduzierten Preisen an, während JustFab seinen Abonnenten Schnäppchen von exklusiven Bekleidungsartikeln offeriert.

Access Subskriptionen sprechen Konsumenten an, die an limitierten Angeboten ein grosses Interesse besitzen. Exklusivität für eine klar definierte Warengruppe sind die zentralen Kaufmotive. Access Subskriptionen kanalisieren den Kaufprozess ihrer Abonnenten, dergestalt, dass sich ein Käufer sicher sein kann, nur Produkte vorzufinden, die zur Bedürfnisausrichtung des Anbieters passen. Kunden erkaufen sich damit eine Garantie gegen Fehlkäufe, da die Produkte einer Access Subskription streng am Nutzenversprechen der Subskription ausgerichtet sind.

2.5.2 Kaufmotive und Konsumentenverhalten

Access Subskriptionen haben einen Fokus auf transaktionale Ziele. Genannt werden als Kaufgründe vorrangig Preisvorteile und eine besondere Produktauswahl. Neben den finanziellen Vorteilen bieten Access Subskriptionen auch kuratierte Sortimente, die eine Nische bedienen, wie im Falle von JustFab und Thrive Market für neue Mode oder Bio-Lebensmittel. Dies erleichtert den Verbrauchern die Entscheidungsfindung, da sie sich im Vergleich zu stationären Geschäften sicher sein können, dass ihnen die Subskription ein zur jeweiligen Nische passendes Sortiment bietet. Das übergreifende Leistungsversprechen ist demnach die Vereinfachung des Kaufprozesses durch ein kohärentes Sortiment.

Die befragten Deutschschweizer Käufer von Access Subskriptionen gelten als Pionierkäufer, da diese über klare Vorstellungen in der jeweiligen Produktkategorie verfügen und diesen Interessen kompromisslos nachgehen. Käufer dieser Subskriptionsart sind dementsprechend sogenannte *Mavens,* die in ihrem Einflussbereich ihr Expertentum zum Ausdruck bringen. Aus diesem Grund bietet sich für Access Subskriptionen die dezidierte Nischenpositionierung an, um dem Pioniergedanken dieser Käuferschicht Rechnung zu tragen.

Die Idee, für den Erwerb von exklusiven Produkten eine Subskriptionsgebühr zu erheben, hat sich in der Deutschschweiz noch nicht etabliert. Mit nur zwei Firmen in unserem Sample ist dieser Subskriptionstyp stark unterrepräsentiert. Nur ca. 1 % der Schweizer besitzen eine Access Subskription. Attraktive Angebote sind notwendig, um die tiefe Loyalitätsrate zu verbessern. Diese Subskriptionsart besitzt mit 25 % eine geringe Kundenbindungsquote. Hauptkündigungsgründe sind mangelhafte Sortimente und mangelhafte Produktqualitäten. Access Anbieter sollten einen besonderen Wert auf überzeugende Exklusivangebote legen.

2.6 Beispiele für Subskriptionsanbieter

Dieses Unterkapitel zeigt die Vielfalt der derzeit im Markt existierenden Subskriptionen auf (siehe Tab. 2.1). Wir präsentieren für die Produktkategorien Mode und Bekleidung, Lebensmittel und Kochen sowie Kosmetik und Dekoration

Tab. 2.1 Ausgewählte Subskriptionsanbieter und ihre Handelsmechanismen. (Quelle: Eigene Darstellung in Anlehnung an Bischof et al. 2019, Stand Dezember 2019)

Produktkategorie	Unternehmen	Preis	Anzahl Artikel pro Lieferung	Lieferintervall	Rückgabe möglich	Überraschung Erlebnisorientierung > Transaktionalität	Personalisierung Geringe Toleranz für Produktvielfalt notwendig	Subskriptionstyp
Mode und Bekleidung	**Blacksocks** Blacksocks.com	Ca. $10–$20 pro Paar	Wählbar (min. 3 Paar)	Wählbar (z. B. vierteljährlich)	Nein	Nein	Ja (Produktauswahl)	**Predefined**
	Stitch Fix* Stitchfix.com	Ca. $275 pro Box	5 Artikel	Wählbar (z. B. monatlich)	Ja	Ja	Ja	**Curated**
	JustFab Justfab.com	$39.95 pro Monat	Wählbar	Wählbar (verbrauchsabhängig)	Ja	Nein	Nein	**Access**
	Sprezzabox Sprezzabox.com	Ca. $25 pro Box	5 bis 6	1 × monatlich	Nein	Ja	Nein	**Surprise**

(Fortsetzung)

Tab. 2.1 (Fortsetzung)

Lebensmittel und Kochen								
	Amazon Subscribe & Save Amazon.com	Abhäng-g vom Produkt	Wählbar	Wählbar (z. B. monatlich, halbjährlich)	Nein	Nein	Ja (Produktauswahl)	**Predefined**
	HelloFresh Hellofresh.com	Ca. $50–$125 pro Box (USA)	Wählbar (Rezepte für 2–4 Pers.)	1× wöchentlich	Nein	Ja	Bedingt (Empfehlung)	**Curated**
	Thrive Market* Thrivemarket.com	$59.95 pro Jahr	Wählbar (verbrauchsabhängig)	Wählbar (verbrauchsabhängig)	Nein	Nein	Nein	**Access**
	Try the World* Trytheworld.com	Ca. $29–$39 pro Box	5–10	1× monatlich	Nein	Ja	Nein	**Surprise**

(Fortsetzung)

Tab. 2.1 (Fortsetzung)

Kosmetik und Dekoration							
Dollar Shave Club* Dollarshaveclub.com	$25 pro Box	2 Artikel (oder mehr)	Wählbar (z. B. zwei-monatlich, vierteljähr-lich)	Nein	Nein	Ja (Produkt-auswahl)	Predefined
Birchbox* Birchbox.com	Ca. $15 pro Box	5 Artikel (nur Mus-ter)	1× monatlich	Nein	Ja	Teilweise (kuratierte und nicht-kuratierte Optionen)	Curated
Sephora-Play!* Sephora.com	$10	5 Artikel (nur Mus-ter)	1× monatlich	Nein	Ja	Teilweise (verschiedene Boxen)	Curated
Swarovski Crystal Society Swarovski.com	$49	>1 Figur pro Jahr	Jährlich	Nein	Bedingt (Sam-meln)	Nein	Access
Glossybox Glossybox.com	Ca. $20	5 Artikel	1× monatlich	Nein	Ja	Nein	Surprise

Mit „*" gekennzeichnete Anbieter sind derzeit nicht in der DACH-Region erhältlich jeweils vier bis fünf internationale Subskriptionsanbieter, die stellvertretend für die einzelnen Subskriptionsarten stehen. Die Spalten „Überraschung" und „Personalisierung" beziehen sich auf die beiden Dimensionen unserer Typologie hinsichtlich des Überraschungs- und Personalisierungsgrades und definieren so den Subskriptionstyp.

Unsere Tab. 2.1 zeigt, dass jede Subskriptionsart in mehreren Produktkategorien zu finden ist. Auch liegen die Preise für Abonnements weit auseinander. Der Durchschnittspreis einer kuratierten Modesubskription namens Stitch Fix liegt bei 275 USD pro Lieferung. Hingegen kostet das vierteljährliche Sockenabo bei Blacksocks 30–60 USD.

Hinsichtlich Lieferzyklen, Lieferintervallen und Retourmöglichkeiten unterscheiden sich die einzelnen Subskriptionstypen erheblich voneinander. Es lässt sich konstatieren, dass der unternehmerischen Kreativität bei Subskriptionen keine Grenzen gesetzt sind und sich interessierte Handelsunternehmen von der nachfolgenden Aufstellung inspirieren lassen können.

Das Kundenverhalten im Hinblick auf verschiedene Subskriptionstypen

3

Die im Markt existierenden Subskriptionstypen unterscheiden sich aufgrund ihrer Überraschungs- und Personalisierungsmechanismen genauso sehr voneinander wie die Reaktionen von Konsumenten auf die selbigen. Es bietet sich daher an, das Kundenverhalten hinsichtlich des grundsätzlichen Interesses sowie der Kauf- und Kündigungswahrscheinlichkeit der Subskriptionstypen zu untersuchen. Besonders relevant ist hierbei eine nach Produktkategorien differenzierende Betrachtung, sodass Sie als Leser dieses Buchs die Anwendbarkeit, Chancen und Herausforderungen einzelner Subskriptionstypen in Ihrer Branche einzuschätzen vermögen. Dieses Kapitel beschreibt die Ergebnisse einer Marktstudie und gibt wertvolle Hinweise darauf, wo Subskriptionen in Zukunft weiterwachsen können.

3.1 Das Untersuchungsdesign unserer Konsumentenbefragung

Die nachfolgenden Ergebnisse stammen aus unserer repräsentativen Marktstudie unter 568 Schweizer Konsumenten. Die Teilnehmer dieser Befragung kommen aus der Deutschschweiz und sind für die dortige Bevölkerung repräsentativ hinsichtlich Einkommen, Alter und Geschlecht. Rekrutiert wurden diese über ein Online-Panel eines anerkannten Marktforschungsunternehmens (Rudolph et al. 2019).

Im Rahmen dieser Studie befragten wir die Teilnehmer hinsichtlich ihrer Vertrautheit mit 54 Subskriptionsanbietern. Jene identifizierten wir zuvor aus einer Grundgesamtheit von 224 Anbietern aus dem deutschsprachigen Europa. Deren Relevanz abstrahierten wir über diverse Faktoren, wie beispielsweise Besucherzahlen auf den Websites der Anbieter. Die Befragten bewerteten, wie vertraut sie

© Springer Fachmedien Wiesbaden GmbH, ein Teil von Springer Nature 2020
S. F. Bischof und T. Rudolph, *Subskriptionsmodelle im Handel,* essentials,
https://doi.org/10.1007/978-3-658-29678-0_3

mit jedem Anbieter waren. Je nach Vertrautheit gaben die Konsumenten an, ob Sie Interesse an diesen Subskriptionsanbietern hätten, wieso sie die Subskription gekündigt haben oder aus welchen Gründen sie diese weiterführen. Die Antworten helfen, für jeden Subskriptionstyp wertvolle Einsichten in das Konsumverhalten zu gewinnen.

3.2   Interesse für Subskriptionen und Konversionsraten

Die Anzahl aktuell verkaufter Subskriptionen fällt bei den beliebtesten Subskriptionsanbietern der Schweiz immer noch niedrig aus. Insgesamt ziehen Konsumenten nur in recht verhaltenem Masse Subskriptionen grundsätzlich in Erwägung (siehe Abb. 3.1). Von den 568 befragten Konsumenten interessierten sich beispielsweise nur jeweils 112 und 136 Teilnehmer für die fünf beliebtesten Anbieter von Predefined- oder Surprise Subskriptionen. Grösser fiel das Interesse für Curated Subskriptionen aus: 263 Konsumenten, und damit rund doppelt so viele wie bei Predefined- und Surprise Subskriptionen, interessierten sich grundsätzlich für die fünf grössten Curated Subskriptionen. Access Subskriptionen blieben, auch aufgrund der geringen Verbreitung im deutschsprachigen Raum, weit hinter den anderen Subskriptionstypen zurück. Von den 568 Befragten interessierten sich nur 45 Konsumenten für die, mangels weiterer Alternativen, zwei grössten Anbieter.

Berechnet man aber deren Konversionsrate, und damit den Anteil interessierter Konsumenten im Verhältnis zu den sich daraus ergebenden Käufern, könnte

Abb. 3.1   Konversionsraten nach Subskriptionsart. (Quelle: Rudolph et al. 2019)

sich der unternehmerische Erfolg mit zunehmender Marktreife für viele Anbieter durchaus einstellen. Für die Berechnung der Konversionsrate beziehen wir uns auf die fünf wichtigsten Anbieter pro Subskriptionsart. Access Subskriptionen sind im Konsumgüterbereich derzeit nicht weit verbreitet, weshalb dort nur zwei Anbieter berücksichtigt werden konnten. Die Konzentration auf die fünf grössten Subskriptionen beugt Verzerrungen vor und ermöglicht eine objektive Vergleichsgrundlage zwischen den Subskriptionsarten. Die Fokussierung auf die wichtigsten Subskriptionen ist der Fragmentierung des Subskriptionsmarkts geschuldet: zwar besitzen 18 % der Probanden aktuell eine aktive Subskription, doch verteilen sich diese auf viele kleine Anbieter, deren Konversionsraten aufgrund relativer Unbekanntheit nicht repräsentativ wären.

Die Konversionsrate variiert stark. Von den Konsumenten, die grundsätzlich an einem Subskriptionsangebot interessiert waren, schlossen 25 % eine Curated Subskription, 24 % eine Surprise Subskription, 14 % eine Predefined Subskription und 9 % eine Access Subskription ab. Die Konversionsrate ist demnach für Anbieter von Curated Subskriptionen fast doppelt so hoch wie diejenige für Predefined Subskriptionen. Konkret interessierten sich von den befragten 568 Probanden beispielsweise 263 für eine Curated Subskription. Von diesen 263 interessierten Konsumenten besitzen immerhin 67 eine aktuell laufende Curated Subskription. Die geringe Anzahl an Kunden pro Anbieter lässt sich dabei auf den noch jungen Markt zurückführen.

3.3　Bedeutung von Subskriptionen nach Warengruppen

Da sich Subskriptionen noch nicht im Markt etabliert haben, empfiehlt es sich, das Kundenverhalten explorativ zu untersuchen. Um die Bedeutung von Subskriptionen für einzelne Kategorien herauszuarbeiten, fragten wir nach den besonders beliebten Produktkategorien. Die Studienteilnehmer drückten ihre Zustimmung zur Attraktivität von Subskriptionen in der jeweiligen Produktkategorie auf einer siebenstufigen Skala aus. Ein höherer Wert korrespondiert dabei mit einer höheren Akzeptanz von Subskriptionen in der jeweiligen Kategorie (siehe Abb. 3.2).

Mediensubskriptionen (bspw. Amazon Prime, Netflix) scheinen sich zur Automatisierung gut zu eignen und werden von Konsumenten als relevanteste Kategorie für Subskriptionen eingestuft. Im Konsumgüterbereich hingegen würden Konsumenten aktuell am ehesten ihre Einkäufe von Lebensmitteln und Hygieneartikeln automatisieren. Am wenigsten Zustimmung erhalten Subskriptionen für

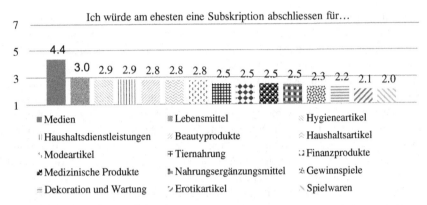

Abb. 3.2 Akzeptanz von Subskriptionen pro Produktkategorie. Legende: 7 bedeutet „Stimme voll und ganz zu"; 1 bedeutet „Stimme überhaupt nicht zu". (Quelle: Rudolph et al. 2019)

Spiel-, Erotik-, und Dekorationswaren. Kategorien mit vielen Subskriptions-anbietern (Lebensmittel) schneiden hierbei besser ab als Kategorien mit wenigen Anbietern (Spielwaren).

Physische Konsumgüter würden Konsumenten derzeit nur mit geringer Präferenz per Subskription einkaufen. Die durchschnittliche Kaufwahrscheinlichkeit liegt bei den meisten physischen Konsumgütern weit unter dem Mittelwert 4 der 7-stufigen Skala. Die Anzahl aktuell verkaufter Subskriptionen fällt bei den in der Studie untersuchten Subskriptionsanbietern eher niedrig aus, was möglicherweise mit der Neuheit von Subskriptionen zu tun haben kann. Dies wird besonders deutlich, wenn man die weite Verbreitung von Subskriptionen im Medienbereich betrachtet. Dort konnten sich Subskriptionen bereits etablieren. Dementsprechend hoch fällt die Abschlusswahrscheinlichkeit im Vergleich zu physischen Konsumgütern aus.

3.4   Präferierte Subskriptionstypen nach Warengruppen

Obschon Subskriptionen die grosse Masse unserer Gesellschaft noch nicht zu überzeugen vermögen, erkennen wir ein zunehmendes Interesse. Bekannte Unternehmen mit starken Marken können schnell Marktanteile im Subskriptionsmarkt gewinnen. Sie sollten jedoch im noch jungen Markt die nötige Ausdauer zur

Etablierung ihrer Subskriptionsangebote mitbringen. Noch ist dieser Markt stark mit vielen kleinen Anbietern fragmentiert, die meist als unabhängige Startups agieren und nur in wenigen Fällen von etablierten Händlern geführt werden. So schaffte es die Lidl Menübox innerhalb eines Jahres nach Einführung im August 2017 unter die Top-10 der populärsten Subskriptionen in der Schweiz. Allerdings hat Lidl dieses Angebot Anfang 2019 gestrichen. Die Verkaufszahlen konnten den Erwartungen offensichtlich nicht entsprechen. Dass sich Geduld auszahlt, zeigt der 2011 gegründete Mealkit-Anbieter HelloFresh, der 2019 zum ersten Mal seit dem Börsengang im Jahr 2017 ein positives Ergebnis erwirtschaften konnte (Reuters 2020).

Subskription ist nicht gleich Subskription, weshalb die Frage zeitgemäss erscheint, welcher Subskriptionstyp zu welcher Produktkategorie passt. Die in unserer quantitativen Studie befragten Konsumenten berichteten pro Warengruppe, welchen Subskriptionstyp, bzw. welche Subskriptionstypen sie präferierten (siehe Abb. 3.3); eine Mehrauswahl war möglich, wenn ein Teilnehmer bei einer Warengruppe mehrere Subskriptionstypen sinnvoll fand. Hinsichtlich der Anzahl Nennungen wurden Predefined Subskriptionen von Konsumenten kategorieübergreifend als der sinnvollste Subskriptionstyp erachtet. Dieser Typ erhält

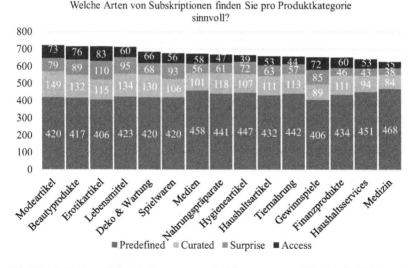

Abb. 3.3 Präferierte Subskriptionstypen nach Warengruppen. (Quelle: Rudolph et al. 2019)

beachtliche 82 % Zustimmung bei medizinischen Produkten (468 von 568 möglichen Nennungen). Curated Subskriptionen eignen sich für 26 % der Befragten am ehesten für den Kauf von Mode und Bekleidung. Mit 34 % Zustimmung finden Surprise Subskriptionen bei Erotikartikeln am meisten Anklang. In Zukunft werden sich daher noch weitere Potenziale für Subskriptionen im Handel zeigen.

3.5   Kundenbindung

Sind Interessenten einmal zu Kunden konvertiert und zum Kauf bewegt worden, zeigt sich die zweite Herausforderung eines Subskriptionsdienstes: die Kunden langfristig an den Dienst zu binden. Ein auf die Kundenbedürfnisse ausgerichtetes Subskriptionsangebot eröffnet Unternehmen die Chance, stabile und rentable Kundenbeziehungen aufzubauen. Allerdings leiden Subskriptionsanbieter unter hohen Abwanderungsraten. Die Kundenbindungsrate, d. h. der Anteil aktuell aktiver Abonnenten unter allen bisherigen Abonnenten, gehört zu den wichtigsten Kennzahlen von Subskriptionen. Diese Kennzahl bestimmt den Erfolg einer Subskription und zeigt, wie gut der Anbieter die Kundenbedürfnisse erfüllt. Nur wenige Anbieter haben es geschafft, sich als Dienstleister mit exzellentem Serviceangebot zu positionieren und dementsprechend eine hohe Kundenbindung zu erreichen.

Für die Berechnung der Kundenbindungsrate greifen wir auf die gleichen Fragen zur Vertrautheit mit Subskriptionsanbietern zurück, welche wir bereits zur Berechnung der Konversionsraten genutzt haben. In diesem Falle berücksichtigen wir jedoch die Angaben zu allen 54 Subskriptionen, da auch kleine Anbieter ein überzeugendes Subskriptionserlebnis leisten können. Wir berechnen die Kundenbindungsrate als den Anteil aktueller Käufer einer Subskription im Verhältnis zu allen abgeschlossenen Abonnements. Dazu zählen auch Abonnements, die wieder gekündigt wurden. Insgesamt haben 167 der 568 Befragten bereits einmal eine Subskription abonniert, wovon im Mai 2018 noch 103 ein aktives Abonnement nutzten. Selbstverständlich können diese Konsumenten auch mehr als eine Subskription gekauft haben, was aus den Zahlen in Abb. 3.4 hervorgeht.

Vergleicht man die Kundenbindungsraten zwischen den Subskriptionstypen, erkennt man deutliche Unterschiede in der Fähigkeit, Kunden langfristig für einen Dienst zu begeistern. Im Schnitt konnten die Unternehmen lediglich 52 % (Curated), 32 % (Predefined), 31 % (Surprise) und 25 % (Access) ihrer bisherigen Kunden halten. Die Kundenbindungsrate ist damit bei Curated Subskriptionen am höchsten, da hier die wenigsten Abonnenten gekündigt haben. Der Kuratierungsmechanismus von Curated Subskriptionen scheint damit sogar dem gänzlich ohne

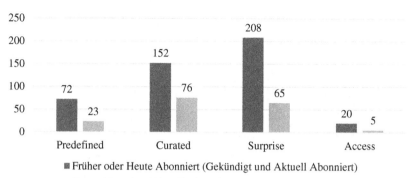

Abb. 3.4 Kundenbindungsraten nach Subskriptionsart. (Quelle: Rudolph et al. 2019)

Überraschungen auskommenden Ansatz von Predefined Subskriptionen überlegen zu sein.

Im Schnitt konnten Subskriptionen mit Vordefinitions- oder Überraschungsmechanismus nur durchschnittlich 32 % ihrer Kunden halten. Subskriptionsboxen mit Kuratierung, d. h. die gelieferten Produkte werden auf die Vorlieben des einzelnen Kunden angepasst, erscheinen mit 52 % vielversprechender. Zwar gaben 24 % der Käufer von kuratierten Subskriptionen an, die Subskription seit mindestens 24 Monaten zu besitzen, jedoch sprangen 30 % bereits nach einem Monat (ergo der ersten Lieferung) wieder ab. Dies bedeutet, dass nur ein wirklich auf die jeweiligen Kundenbedürfnisse ausgerichtetes Subskriptionsangebot Unternehmen die Chance eröffnet, stabile und rentable Kundenbeziehungen aufzubauen.

Doch Curated Subskriptionen repräsentieren ein zweischneidiges Schwert, welches für den einen Kunden gut und für den anderen Kunden schlecht funktionieren kann. 24 % der Käufer von Curated Subskriptionen gaben an, die Subskription seit mindestens 24 Monaten zu besitzen; aber 30 % sprangen bereits nach einem Monat wieder ab. Curated Subskriptionen überzeugen aufgrund ihres Nutzenversprechens von individueller Personalisierung und stark vergünstigten Erstlieferungen (s. HelloFresh) viele Konsumenten für einen Erstkauf. Das Nutzenversprechen führt aber auch zu überhöhten Erwartungen, sodass Kunden bei Nichtgefallen schneller kündigen. Gleichzeitig zeugt der hohe Anteil an Langzeitabonnenten bei Curated Subskriptionen aber von einem hohen Kundenwert, wenn der Geschmack eines Kunden einmal getroffen wird (siehe Abb. 3.5).

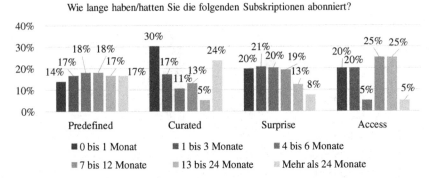

Abb. 3.5 Abodauer nach Subskriptionstyp. (Quelle: Rudolph et al. 2019)

3.6   Hinweise zur Loyalitätsverbesserung

Subskriptionsdienstleister müssen ein exzellentes Kundenerlebnis schaffen, welches eine bequeme Automatisierung des Konsums ermöglicht. Im Nachfolgenden
werden die in unserer quantitativen Studie identifizierten Hauptkündigungsgründe
für die einzelnen Subskriptionstypen aufgezeigt, um das Thema Kundenbindung
für Manager differenzierter darzustellen. Viele Subskriptionsdienstleister müssen
operativ besser werden und sich stärker am Kundenverhalten und -nutzen orien-
tieren.

Predefined Subskriptionen sollten ihren Kunden Flexibilität mit Blick auf
Liefermenge und -intervalle gewähren. 22 % derjenigen, die eine Predefined
Subskription gekündigt haben, geben als Hauptgrund an, dass sie die gelieferten
Produkte nicht genügend schnell verbrauchen konnten. Die Möglichkeit, den
Zeitpunkt, die Menge und das Intervall an den persönlichen Bedarf anzupassen,
sowie Lieferungen pausieren bzw. überspringen zu können, sind wirksame Mittel
zur Erhöhung der Kundenbindung.

Curated Subskriptionen müssen ein überzeugendes Sortiment anbieten.
Schlecht erfüllte Kundenerwartungen sind der Hauptkündigungsgrund für Curated Subskriptionen. Kundenkenntnis, insbesondere von Präferenzen, Gewohn-
heiten und Prioritäten sowie die anschliessend passende Produktauswahl gehören
zum Nutzenversprechen einer Curated Subskription. Bleibt ein Käufer länger-
fristig Kunde, lernt der Anbieter dessen Vorlieben besser kennen und ermöglicht
so eine bessere Kuratierung. Outfittery beispielsweise vertreibt auf den Kunden
abgestimmte Kleidung und lernt so mit jedem Lieferzyklus mit. Der Einsatz von

Machine Learning Algorithmen kann hier helfen, eine höhere Passgenauigkeit der empfohlenen Produkte zu ermöglichen.

Surprise Subskriptionen kommen besser an, wenn Kunden die Lieferintervalle mitbestimmen können. Im Gegensatz zu Predefined- und Curated Subskriptionen sind nicht Produktmenge oder Produktauswahl als Kündigungsgrund entscheidend, sondern der Wunsch, ein Produkt erst zu kaufen, wenn es benötigt wird. Etliche Surprise Abonnenten befinden sich damit in einem Spannungsfeld. Einerseits wünschen sie sich Überraschungen, andererseits benötigen sie viele dieser Produkte nicht, bzw. haben dafür keinen Bedarf. Anbieter müssen dieses Dilemma lösen, um die Kündigungsrate zu senken – notfalls durch eine grössere Flexibilität bei der Auswahl der Menge und Intervalle, wie im Falle von Predefined Subskriptionen.

Access Subskriptionen werden mit zunehmender Transparenz hinsichtlich des angebotenen Sortiments attraktiver. Ein mangelhaftes Sortiment und mangelhafte Produktqualitäten sind primäre Kündigungsgründe in der Subskriptionskategorie Access. Eine Abonnentin der Swarovski Crystal Society weiss vor Bezahlung der Abonnementsgebühr nicht, welche Glasfiguren sie während der Subskriptionsdauer käuflich erwerben kann. Ebenso weiss die Abonnentin von Myonbelle nicht, welche Kleider verfügbar sein werden. Höhere Transparenz hinsichtlich der Sortimente erhöht das Vorwissen der Konsumenten vor dem Kauf, sodass mehr Kunden gewonnen werden, zu denen das Sortiment passt. Dies könnte sich positiv auf die Kundenbindungsrate auswirken. Die Kehrseite der Medaille ist aber, dass sich mit erhöhter Sortimentstransparenz auch mehr Kunden gegen einen Subskriptionskauf entscheiden würden, wenn das Sortiment ihren Bedürfnissen nicht entspricht.

3.7 Demographische Eigenschaften von Subskriptionskäufern

Subskriptionen haben sich noch nicht im Alltag etabliert. Daher lohnt sich ein Blick auf die demographischen Eigenschaften von Subskriptionskäufern. Aufgrund der Neuartigkeit von Subskriptionen im Handel liegt die Vermutung nahe, dass die Kaufwahrscheinlichkeit für einen Subskriptionskauf besonders von soziodemographischen Aspekten abhängt. Die nachfolgenden Ausführungen zeigen, welche Kundensegmente sich besonders für Subskriptionen eignen und durch ein solches Angebot erschlossen werden können.

Subskriptionskäufer verfügen über ein überdurchschnittliches Bruttohaushaltseinkommen. 36 % der Konsumenten mit einem Bruttohaushaltseinkommen von 14.000–15.999 CHF hatten bereits einmal eine Curated Subskription (siehe Abb. 3.6). Die Regelmässigkeit von Subskriptionslieferungen führt dazu, dass Konsumenten Produkte unter Umständen auch dann erhalten, wenn aktuell kein Bedarf besteht. Subskriptionen erhöhen daher schnell den Konsum über das Notwendige hinaus und sind somit für tiefere Einkommensgruppen nicht attraktiv.

Subskriptionskäufer sind häufig jünger (siehe Abb. 3.7). Im Segment der Young Professionals (25–34 Jahre) findet sich eine geeignete Zielgruppe für Subskriptionen. Die tatsächliche Subskriptionsnutzung ist dort besonders bei Curated und Surprise Subskriptionen mit Abstand am höchsten. 32 % und 26 % der 25 bis 34 Jahre alten Konsumenten haben bereits einmal eine Curated- oder Surprise Subskription erworben, verglichen mit nur 10 % und 1 % der Konsumenten über 65 Jahre. Überraschungsbasierte Subskriptionen eignen sich damit eher für jüngere Zielgruppen.

Zwar nimmt die Subskriptionsnutzung insgesamt mit zunehmendem Alter ab, doch eignen sich gewisse Subskriptionstypen besonders auch für ältere Konsumenten (siehe Abb. 3.8). Mit 12 % ist der Anteil an Käufern von Predefined

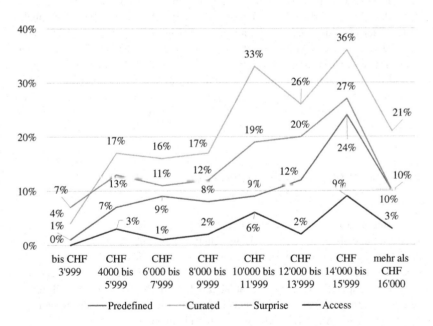

Abb. 3.6 Anteil der Subskriptionskäufer nach Einkommensklasse. (Quelle: Rudolph et al. 2019, N = 568)

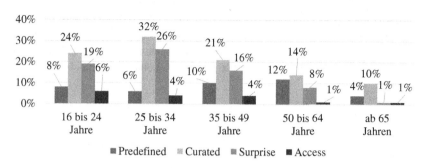

Abb. 3.7 Anteil Subskriptionskäufer nach Altersklassen. (Quelle: Rudolph et al. 2019, N = 568)

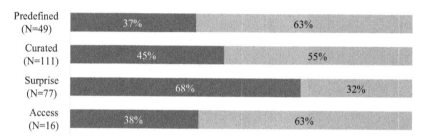

Abb. 3.8 Anteil Subskriptionskäufer nach Geschlecht und Subskriptionstyp. (Quelle: Rudolph et al. 2019, N = 568)

Subskriptionen unter den 50 bis 64 Jahre alten Konsumenten am höchsten. Der Convenience-Aspekt der Konsumautomatisierung scheint also bei älteren Kunden Vorrang zu haben. Diese Art der Subskription kann gerade für ältere Konsumenten, aufgrund der im höheren Alter verringerten Mobilität, nützlich sein. Access Subskriptionen finden mit Käuferanteilen von 1 % bis 6 % segmentübergreifend wenig Anklang.

Weibliche Käufer tendieren zu hedonischen Subskriptionen mit Überraschungsfaktor (bspw. Surprise Subskription) und schätzen die Möglichkeit, sich von Subskriptionen inspirieren zu lassen. Männliche Käufer präferieren utilitaristische Subskriptionen (bspw. Predefined Subskription) und schätzen demnach besonders den Automatisierungsaspekt, der den Kauf von Alltagsgegenständen routinisiert. Subskriptionen mit Zusatznutzen wie einer individuellen Beratung (bspw. Curated Subskription) sind bei beiden Geschlechtern gleich beliebt.

Handlungshinweise zum Aufbau von Subskriptionsdiensten

4

Dieses Kapitel widmet sich der Umsetzung einer subskriptionsbezogenen Geschäftsidee und präsentiert erste Handlungsempfehlungen, die interessierte Manager zur Hand nehmen können. Die Erkenntnisse basieren auf Interviews mit Geschäftsführern von namhaften Subskriptionsanbietern (Rudolph et al. 2017). Hierfür wurden sieben qualitative Interviews mit Führungskräften verschiedener Abonnementfirmen aus den Branchen Lebensmittel, Mode und Kosmetik geführt. Diese Führungskräfte entstammen Unternehmen, die Subskriptionen als ihr grundlegendes Geschäftsmodell und nicht nur als Ergänzung zu traditionellen Einzelhandelsaktivitäten einsetzen. Die nachfolgenden Vorschläge basieren somit auf einem intensiven Lernprozess.

Unsere Handlungshinweise beginnen mit grundlegenden Erkenntnissen zu Erlösmechaniken von Subskriptionen. Es geht dabei um die Frage, welche Erlösquellen und Ansätze für unsere vier Subskriptionstypen sinnvoll erscheinen. Im Anschluss stellen wir ein Stufenkonzept zum Aufbau erfolgreicher Subskriptionen vor. Beide Unterkapitel konzentrieren sich auf das Wesentliche. Unsere Vorschläge sind als Denkanstösse zu verstehen, die jedes Unternehmen situativ ergänzen muss.

4.1 Erlösmechaniken und KPIs für unterschiedliche Subskriptionsarten

In diesem Springer Essential Buch beschränken wir uns auf wenige, aber wichtige Anregungen. Zentral scheint uns in diesem Zusammenhang die Forderung nach neuen Erlösmodellen für Subskriptionen. Wer mit der „Margenlogik" klassischer Handelsunternehmen versucht, rentable Subskriptionen aufzubauen, wird

© Springer Fachmedien Wiesbaden GmbH, ein Teil von Springer Nature 2020
S. F. Bischof und T. Rudolph, *Subskriptionsmodelle im Handel,* essentials,
https://doi.org/10.1007/978-3-658-29678-0_4

schnell Schiffbruch erleiden. Obwohl alle Abonnementtypen darauf abzielen, wiederkehrende Käufe zu generieren, unterscheiden sich die vier Subskriptionstypen im Hinblick auf ihre Erlösmechanik grundlegend (siehe Tab. 4.1).

4.1.1 Haupterlösquellen

Predefined- und Surprise Subskriptionen haben eine langfristige Rentabilitätsperspektive und rechnen sich aufgrund ihres hohen Automatisierungsgrades über die Lebensdauer eines Abonnenten. Die Sockensubskription Blacksocks ist zum Beispiel bereit, für die Akquise eines Neukunden den Betrag in Höhe des Deckungsbeitrags im ersten Jahr auszugeben und setzt so auf die langfristige Rentabilisierung einer Kundenbeziehung: „Die Verlängerung nach der ersten Lieferung ist der kritische Moment. Wenn ein Kunde das Abonnement nach der ersten Sendung fortsetzt, bleibt er Kunde, solange Blut durch seine Beine fließt" (S. Liechti, Interview). Surprise Subskriptionen erreichen ebenfalls Skalierungseffekte, da alle Kunden weitestgehend die gleichen Produkte erhalten und das Hinzufügen weiterer Kunden sich nicht nennenswert auf die Kostenstruktur der Subskription niederschlägt. Die beiden genannten Subskriptionsarten versuchen dementsprechend langfristige Kundenbeziehungen aufzubauen.

An der Schnittstelle zwischen Convenience und Inspiration generieren Curated Subskriptionen Einnahmen durch Personalisierungsleistungen. Da diese teils sehr aufwendig sind, sollten die anfallenden Kosten bereits kurzfristig gedeckt sein. Anders als Surprise Subskriptionen können Curated Subskriptionen neben Mitgliedsbeiträgen und Umsatzerlösen aus dem Produkteverkauf bisher eher selten auf zusätzliche Erlösquellen bauen (s. Abschn. 4.1.2). Lediglich wenn die Personalisierung durch historische Daten langfristig automatisiert werden kann und akkuratere Empfehlungen aus der Datenanalyse resultieren, macht eine langfristige Erlösperspektive Sinn. Da bisher aber ein Grossteil der Personalisierungsleistung von Curated Subskriptionen, wie im Falle von Outfittery, noch von Menschenhand getätigt wird (bspw. initiales Telefoninterview und regelmässige Gespräche mit Kunden), sollte nach Möglichkeit jede Bestellung für sich profitabel sein.

Access Subskriptionen haben das Ziel, möglichst hohe Warenkörbe an ihre Kunden zu verkaufen. Da sich das Sortiment aber regelmässig ändert und nicht auf individueller Kundenbasis personalisiert ist, ähnelt das Kauferlebnis dem eines Online-Shops. Das Abonnement selbst führt bei Access Subskriptionen nämlich nicht unbedingt automatisch zum Kauf. Im Fall der Swarovski Crystal Society müssen Kunden aus einem exklusiven Sortiment Glasfiguren aktiv

Tab. 4.1 Charakterisierung der Erlösmechaniken nach Subskriptionstyp. (Quelle: Eigene Darstellung in Anlehnung an Bischof 2019)

		Predefined Subskription	Curated Subskription	Surprise Subskription	Access Subskription
Kundennutzen	**USP**	• Komfort	• Personalisierung	• Inspiration	• Einzigartige Produkte
	Überraschung	• Niedrig	• Mittel	• Hoch	• Hoch
	Ergebnis	• Nachschub ausgewählter Produkte	• Kontrollierte Inspiration	• Inspiration durch unerwartetes Produkt	• Zugang
Erlösmechanismen	**Erlösperspektive**	• Langfristige Rentabilität (hohe Akquisitionskosten)	• Kurz- oder langfristige Rentabilität	• Langfristige Rentabilität (Aufbau von Reichweite)	• Kurzfristige Rentabilität (Online Shop)
	Erfolgskritische Aspekte	• Abonnenten langfristig binden	• Kosteneffizienz der Personalisierungsleistung	• Skalierung: Gewinnung von Abonnenten und Lieferanten	• Einzigartiges Sortiment entwickeln
	Zusätzliche Erlösquellen	• Online Shop	• Mitgliedsbeitrag	• Marktforschung für Hersteller • Hersteller zahlt für Produktplatzierung in Box • Online Shop	• Mitgliedsbeitrag • Online Shop • Teilweise erneute Nutzung der Produkte (Sharing von Kleidung)
	Sortimentsbeschaffung	• Hauptsächlich Eigenproduktion	• Sowohl Eigenproduktion als auch Dritthersteller	• Hauptsächlich Dritthersteller	• Eigenproduktion und Dritthersteller • Nischenkuratierte Produkte

(Fortsetzung)

Tab. 4.1 (Fortsetzung)

KPIs				
Allgemeine KPIs *Allgemeine Ebene*	• Box-Gewinn (Gewinn pro Lieferung) • Wachstum (der Kundenbasis) • Kundengewinnungskosten (Kosten für Werbung und Rabatte)			
Allgemeine KPIs *Kundenebene*	• Kundenbindungsrate (Wahrscheinlichkeit des Verbleibs im Abonnement) • Customer Lifetime Value (Erwarteter Deckungsbeitrag über die Lebensdauer)			
Subskriptions-spezifische KPIs	• Cross-Sales (Online Shop)	• Net Promoter Score • Durchschnittliche Warenkorbgröße	• Cross-Sales (Online Shop) • Engagement (Community) • Gewinne von Produzenten (Konsumentenbefragung)	• Cross-Sales (Online Shop) • Dauer der Mitgliedschaft • Wahrgenommene Exklusivität
Beispielunternehmen	• Blacksocks • Amazon Subscribe & Save • Dollar Shave Club	• Stitch Fix • HelloFresh • Birch Box/Sephora Play!	• Sprezzabox • Try the World • Glossybox	• Swarovski Crystal Society • Just Fab • Thrive Market

auswählen. Ein Abonnement der Swarovski Crystal Society eröffnet Kunden lediglich ein Kaufrecht für das exklusive Produktsortiment. Neben der jährlichen Mitgliedsgebühr kommt es nicht automatisch zu weiteren Umsätzen. Es hängt sehr vom exklusiven Sortimentsangebot ab. Wenn dieses nicht als attraktiv wahrgenommen wird, kündigen Abonnenten schon nach kurzer Zeit. Aufgrund dieser Gefahr sollten sich Access Abonnements bereits im ersten Jahr rechnen.

4.1.2 Zusätzliche Erlösquellen

Um die teils hohen Akquisitionskosten für neue Kunden zu stemmen, wäre es für Anbieter von Predefined- und Surprise Subskriptionen ratsam, weitere Erlösquellen zu entwickeln. Gelingen kann dies beispielsweise durch einen Online-Shop. Blacksocks betreibt einen Online-Shop, der 50 % des Umsatzes von Blacksocks generiert. Die in Deutschland aktive Rasierklingensubskription Mornin' Glory strebt an, in Zukunft weitere Produkte, wie z. B. Intimpflegeprodukte hinzuzufügen. Dies kommt in der folgenden Aussage eines Experten zum Ausdruck: „Abonnements sind ein Ausgangspunkt für die Expansion in weitere verwandte Nischenkategorien" (F. Paltenghi, Interview). Die Möglichkeit des Cross-Selling motivierte Unilever schließlich zum Kauf des Dollar Shave Club für mehr als 1 Mrd. USD, „da nur wenige dieser Unternehmen langfristig durch den Verkauf eines einzigen Produkts erfolgreich sind" (Livsey 2017).

Surprise Subskriptionen erzielen zusätzliche Einnahmen durch marktforschungsbezogene Kooperationen mit Produzenten von Konsumgütern. Für Produzenten sind Surprise Subskriptionen deshalb interessant, weil der Überraschungsmechanismus Konsumenten mit einer besonders hohen Affinität für die jeweilige Produktkategorie anzieht. Anbieter von Surprise Subskriptionen können über Kundenumfragen die Meinung ihrer Abonnenten zu den versandten Überraschungsprodukten einholen und die Ergebnisse an Produzenten verkaufen. Die Geschäftsführerin der internationalen Kosmetiksubskription Glossybox unterstreicht die Positionierung von Surprise Subskriptionen als Marketingkanal für Hersteller und grenzt sie von regulären Einzelhändlern ab. Dieser Unterschied manifestiert sich im kleineren Sortiment und schnellen Lagerumschlag: „Die Just-in-time-Produktion der Surprise Boxen und die unterschiedlichen Warenströme unterscheiden uns stark von regulären Kosmetikhändlern. Ich konkurriere tatsächlich mit anderen Kommunikationskanälen wie Influencern" (C. Genthner-Kappesz, Interview).

Die hohe Attraktivität für Konsumgüterproduzenten, sich Konsumenten mit einer hohen Kategorieaffinität im Rahmen einer Surprise Subskription zu präsentieren, gibt dem Subskriptionsanbieter zusätzliche Verhandlungsmacht beim Einkauf. Er kann seine Überraschungsboxen mit Produkten ausstatten, die im Vergleich zum regulären Einkauf für Kunden günstig erscheinen. Auch ist es möglich, vom Produzenten für die Platzierung von Informationen oder Broschüren eine Gebühr zu verlangen. Dazu bedarf es eines guten Lieferantenmanagements: „Die Unabhängigkeit gegenüber Lieferanten ist sehr wichtig, damit Überraschungsabonnements auf lange Sicht funktionieren. Man muss sich davor hüten, regelmäßig dieselben Produkte oder Marken aufzunehmen, um die Neugierde der Konsumenten aufrecht zu erhalten" (A. Grassler, Interview).

4.1.3 KPIs

Kunden zu gewinnen ist eine Sache, aber sie zu halten ist eine andere. Subskriptionsanbieter konzentrieren ihre Geschäftsaktivitäten auf einige wenige ausgewählte KPIs, die sich zwischen den vier Subskriptionsarten unterscheiden können. Die meisten der interviewten Unternehmen arbeiten mit drei KPIs. Das sind Kundengewinnungskosten, die Kundenbindungsrate und der Customer Lifetime Value (CLV). Die letzteren beiden KPIs betonen das Ziel, langfristig Kunden zu halten.

An dieser Stelle lohnt sich eine Beschreibung der Swarovski Crystal Society als Fallstudie. Die durchschnittliche Abonnementdauer der Swarovski Crystal Society beträgt etwa fünf Jahre. Kunden von Glossybox oder Glambox bleiben hingegen nur ein halbes Jahr dabei. Die Anzahl an Kunden und insbesondere deren Bindungsrate beeinflussen die Rentabilität eines Unternehmens erheblich (Gupta et al. 2004). Die Swarovski Crystal Society erreicht einen hohen CLV mit attraktiven Sortimentsangeboten und einer daraus resultierenden langen Abonnementdauer. Die jährliche Abonnementgebühr von 34 EUR setzt ein hohes Grundinteresse an dekorativen Glasfiguren voraus. Wie die Geschäftsführerin Ann-Sophie Mayr es ausdrückt: „Die SCS bedient eine Nische von ca. 150.000 Mitgliedern, die allesamt wertvolle Konsumenten mit hohem CLV darstellen und die höchsten jährlichen Ausgaben der einzelnen Swarovski Kunden aufweisen" (A. Mayr, Interview).

Subskriptionen mit einer starken Einzelhandelskomponente, wie einem E-Commerce-Shop, sollten auch handelsbezogene KPIs, wie z. B. den durchschnittlichen Umsatz pro Kunden beachten. Serviceintensive Curated Subskriptionen profitieren von der Messung ihres Net Promoter Scores (Weiterempfehlungsabsicht), während Überraschungsabonnements darauf abzielen sollten, ihre Reichweite zu erhöhen, um ihre Relevanz als Marketingkanal gegenüber Herstellern zu beweisen.

Zur Verringerung der Kundenabwanderung zielen Subskriptionsmanager auch darauf ab, eine Community aufzubauen, in der sich Abonnenten mit Gleichgesinnten vernetzen und austauschen können. Dies lohnt sich besonders bei Surprise- und Access Subskriptionen, die Konsumenten mit einer hohen Affinität für die jeweilige Produktkategorie anziehen. Es macht daher Sinn, das Engagement der Konsumenten innerhalb der Community zu messen, beispielsweise anhand der Anzahl an Likes oder Posts pro Abonnenten, und diese Kenngrösse aktiv auszubauen. Glossybox überführt den Communitygedanken sogar in die analoge Welt und betreibt eine Schönheitskonferenz namens Glossycon: „Unser langfristiges Ziel ist es, eine Welt rund um die Kategorie Beauty-Produkte zu schaffen" (C. Genthner-Kappesz, Interview, 18. April 2017).

4.2 Stufenkonzept zum Aufbau eines Subskriptionsdienstes

Aufbauend auf den qualitativen Interviews und unseren Erkenntnissen zu diesem Thema stellen wir ein Stufenkonzept vor, welches Manager bei der Erstellung eines Subskriptionsdienstes begleitet. Abb. 4.1 beschreibt sechs Schritte, die idealtypisch in Betracht zu ziehen sind. Produkte und Dienstleistungen sind auszuwählen, potenzielle Kundensegmente zu identifizieren und Hauptziele auszuwählen. Auch die Fragen nach dem richtigen Subskriptionstyp werden behandelt.

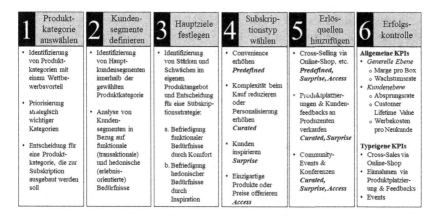

Abb. 4.1 Stufenkonzept zum Aufbau eines Subskriptionsdienstes. (Quelle: Eigene Darstellung in Anlehnung an Bischof 2019)

4.2.1 Produktkategorie auswählen

Zuerst muss eine Produktkategorie ausgewählt werden, die sich für einen Subskriptionsdienst eignet. Grundsätzlich bieten sich jene Produktkategorien an, in denen ein Anbieter besonders beliebt ist und eine hohe Expertise besitzt. Eine starke Marktposition hilft dem Anbieter erheblich, weil Kunden der Marke und den Angeboten bereits vertrauen. Der Marketingaufwand fällt für etablierte Marken geringer aus. Die Surprise Subskription eines etablierten Kosmetikeinzelhändlers hätte einen Vertrauensvorschuss, welchen sich Startups teuer erarbeiten müssten.

Für etablierte Händler macht es deshalb Sinn, die eigene Expertise zu prüfen und dementsprechend eine Produktkategorie zu priorisieren. Das bereits bestehende Kundenvertrauen hilft bekannten Marken, künftige Käufe zu automatisieren. Die Neuartigkeit des Subskriptionsmechanismus kann zu erhöhter Aufmerksamkeit bei Kunden führen, sodass mit der Einführung einer Subskription nicht nur der Subskriptionsdienst selbst, sondern auch die gewählte Produktkategorie rückwirkend auf den Markenwert etablierter Händler einzahlt. Jedoch befürchten bekannte Marken Kanalkonflikte. Unter den beliebtesten zehn Anbietern der Kategorie Predefined Subskriptionen findet sich kein etablierter Anbieter. Stationäre Händler befürchten mit der automatisierten Zustellung einen Frequenzrückgang in ihren stationären Filialen.

Neue Anbieter sollten die Wettbewerbssituation für Subskriptionen genau prüfen und mögliche Kooperationen mit anderen Partnern in Betracht ziehen. So kann es gelingen, allzu hohe Startinvestitionen zu vermeiden.

Insgesamt sollte also die Expertise des Anbieters die Ausrichtung einer Subskription leiten. Es empfiehlt sich, eine Subskription auf wenige Warengruppen bzw. Produktkategorien mit hoher Markenbekanntheit auszurichten, um ein überzeugendes Leistungsversprechen abzugeben. Im Rahmen von Surprise- oder Access Subskriptionen können auch mehrere Produktkategorien bedient werden, die aber dann einem überzeugenden Leistungsversprechen folgen müssen.

4.2.2 Kundensegmente definieren

Zweitens sind Zielgruppen zu identifizieren, die sich für die ausgewählten Produktkategorien besonders interessieren. Oftmals sind Subskriptionskäufer Experten in der jeweiligen Produktkategorie. Eine Zielgruppe mit hohem

Involvement hat weniger Hemmnisse, ein derart neues Konzept auszuprobieren und den Produktkauf künftig per Abonnement durchzuführen. Die Auswahl einer relevanten Zielgruppe(n) basiert auf einer tiefgreifenden Analyse von Konsumbedürfnissen. Funktionale und hedonische Bedürfnisse des ausgewählten Kundensegments sind zentral für spätere Schritte (z. B. Auswahl des Subskriptionstyps). Gemäss unserer Typologie zu den vier Subskriptionsarten, empfiehlt sich eine Analyse nach transaktionalen und erlebnisorientierten Bedürfnissen für alle potenziell relevanten Zielgruppen. Ist das Zielsegment also eher an der Vereinfachung oder der Emotionalisierung ihres Einkaufs interessiert? Hier bieten sich Fokusgruppen-Interviews mit sogenannten „Lead Usern" an, die beispielsweise auch zutage fördern, wie eine Produktsubskription mit interessanten Dienstleistungen erweitert werden kann. Für die Rentabilisierung im sechsten Schritt wäre dieses Wissen von grosser Bedeutung.

4.2.3 Hauptziele festlegen

Auf der dritten Stufe sollte ein Abgleich zwischen den identifizierten Zielgruppenbedürfnissen und bestehenden Stärken des Anbieters stattfinden. Er kann danach besser entscheiden, ob er das Abonnement einführen möchte, um eine bestehende Stärke zu stärken oder eine Lücke im Serviceangebot auszugleichen. Bei den Konsumentenbedürfnissen unterscheiden wir zwischen utilitaristischen (d. h. zweckmässigen und transaktionalen) und hedonischen (d. h. erlebnisorientierten und emotionalen) Bedürfnissen. Ein Subskriptionsanbieter kann auf die utilitaristischen Bedürfnisse von Konsumenten eingehen, indem er Subskriptionen anbietet, die Kaufentscheidungen vereinfachen und automatisieren, während er hedonische Bedürfnisse befriedigt, indem er Verbraucher mit neuen Ideen und Produkten inspiriert.

Für bestehende Anbieter ist es vermutlich kostengünstiger, Subskriptionen einzuführen, die auf den eigenen Stärken und der Expertise aufbauen. Konträre Positionierungsalternativen, welche bestehende Schwächen zu Stärken machen, stossen auf kognitive Dissonanz. Discounter wären beispielsweise besser beraten, transaktionale statt erlebnisorientierter Subskriptionen einzuführen, da ihr begrenztes Sortiment auf ein effizientes und nicht inspirierendes Einkaufserlebnis ausgerichtet ist. Kaufhäuser hingegen sollten eher die Einführung erlebnisorientierter und damit überraschender Subskriptionen vorantreiben, da sich ihr umfangreiches Sortiment in erster Linie an erlebnisorientierte Konsumenten richtet.

4.2.4   Subskriptionstyp wählen

Viertens muss ein Subskriptionstyp ausgewählt werden. Zwei Grundrichtungen bieten sich dafür an. Einerseits sind das erlebnisorientierte Subskriptionsarten wie Curated- und Surprise Subskriptionen, die ein hedonisches Kundenerlebnis durch Überraschungen bieten. Beide können Verbrauchern sowohl die Augen für neue Ideen und Produkte öffnen als auch inspirationsbezogene Neugier befriedigen. Kuratierte Subskriptionen reduzieren zusätzlich die Komplexität und den Suchaufwand, indem sie präferierte Produkte vorschlagen.

Predefined- und Access Subskriptionen hingegen automatisieren Kaufentscheidungen und befrieden in erster Linie utilitaristische Grundbedürfnisse. Eine Predefined Subskription automatisiert Wiederholungskäufe, während Access Subskriptionen für Bio-Lebensmittel (z. B. Thrive Market) ein exklusives Sortiment höchst bequem anbieten. Deren Käufer schätzen einen bequemen Einkauf, auch weil der Suchaufwand erheblich reduziert werden kann. Möglicherweise lassen sich Produkte von Access Subskriptionen zu einem günstigeren Preis anbieten, denn der vorausbezahlte Mitgliedsbeitrag und regelmässige Einkäufe der Verbraucher ermöglichen eine bessere Planbarkeit des Geschäfts.

4.2.5   Erlösquellen hinzufügen

Fünftens kann die Rentabilität einer Subskription durch Verrechnung weiterer Dienstleistungen gesteigert werden. Z. B. können monatliche Mitgliedsbeiträge und zusätzliche Umsätze auf Online-Shops eine Rentabilitätssteigerung bewirken. Aber auch Werbekostenzuschüsse von Konsumgüterunternehmen, die ihre Produkte in einer Subskriptionsbox präsentiert sehen möchten, bieten sich an. Gleiches trifft für Beratungsdienste des Anbieters, Feedback von Abonnenten und viele andere Leistungen zu (Rudolph et al. 2017). Die Rentabilisierung von Subskriptionen erfordert vom Management, neue Erlösquellen zu erschliessen.

Bei Surprise Subskriptionen sind besonders viele zusätzliche Erlösmechanismen implementierbar. Sie können Konsumgüterherstellern wertvolle Marktforschungsinformationen bereitstellen. Anbieter von Surprise Subskriptionen können beispielsweise das Feedback ihrer Kunden zu gewissen, in der Box enthaltenen, Musterprodukten sammeln und dieses Feedback wiederum dem Produzenten in Form einer Marktstudie zurückspielen. Speziell vor Markteinführung können derartige Kanäle für Konsumgüterproduzenten höchst relevant sein, wenn die Subskriptionskunden der Zielgruppe des Konzerns entsprechen. Die Zusammenarbeit zwischen Surprise Subskriptionen und

Konsumgüterunternehmen ist jedoch nicht unproblematisch. Subskriptionsanbieter sollten vorsichtig sein, wenn es um die Versuchung geht, Produktplatzierungen in ihrer Abonnementbox zu verkaufen, da solche Praktiken bei Bekanntwerden das Vertrauen der Verbraucher hinsichtlich des Überraschungsmechanismus untergraben könnten.

Da alle Abonnenten einer Surprise Subskription in den meisten Fällen identische Boxen erhalten, kann der Anbieter zur Kundenbindung eine Community aufbauen. Auf Online-Foren oder auf Konferenzen kann so ein Austausch zwischen den Kunden zum aktuellen Sortiment stattfinden, was die erlebnisbezogene Intensität der Subskription fördert und die Kundenbindung steigert.

4.2.6 Erfolgskontrolle

Sechstens kann der Erfolg einer Subskription durch die Einhaltung mehrerer wichtiger Kennzahlen kontrolliert werden. Wir unterscheiden hierbei zwischen allgemeinen (d. h. typübergreifenden) und spezifischen (d. h. typspezifischen) Kennzahlen. Unabhängig vom Subskriptionstyp beziehen sich die wichtigsten allgemeinen Leistungsindikatoren erstens auf den Gewinn, der sich aus jeder versandten Subskriptionsbox ergibt und zweitens die Wachstumsrate der Kundenbasis. Subskriptionsanbieter sollten mit dem Verkauf einer Subskriptionsbox an sich kein Geld verlieren, es sei denn, es gibt weitere Erlösquellen, die einen solchen Verlust ausgleichen können. Wachstum ist entscheidend für die Bewertung eines Unternehmens und wichtig für die Bereitschaft, in die Expansion des Abonnements weiter zu investieren.

Auf typübergreifender Ebene gibt es weitere kundenbezogene Leistungsindikatoren: die Kundengewinnungskosten, die Kundenbindungsrate und den Customer Lifetime Value. Ersterer misst die Kosten für Werbung und Rabatte, die zur Gewinnung eines Neukunden aufgebracht werden müssen. Zusätzlich ist es von Bedeutung, mit der Bindungsrate die Verweildauer der Kunden im Abonnement zu beobachten. Dies ermöglicht die Bestimmung des Customer Lifetime Value. Jener Indikator entspricht dem Deckungsbeitrag eines Kunden über die Dauer seines Abonnements. Diese Kennzahl ermöglicht wiederum die Abschätzung der höchstmöglichen Kundengewinnungskosten, die sich ein Anbieter für die profitable Gewinnung von Neukunden erlauben kann. Siehe analog hierzu das o.g. Beispiel von Blacksocks, die zur Gewinnung eines Neukunden bereit sind, Kundengewinnungskosten in Höhe des Deckungsbeitrags im ersten Jahr zu investieren. In diesem Beispiel wird besonders der Fokus auf eine langfristige Rentabilisierung von Kundenbeziehungen deutlich.

Auf typspezifischer Ebene kann ein Subskriptionsanbieter, neben den Gewinnen mit der Subskriptionsbox, zusätzliche Erlösquellen erschliessen. So können Erlöse aus Online-Shop-Querverkäufen, Community-Veranstaltungen oder Zahlungen von Produzenten für Marktstudien, sowie sogar Produktplatzierungen die Profitabilität des Subskriptionsdienstes positiv beeinflussen. Insgesamt sollten möglichst viele der bei Subskriptionen denkbaren Erlösquellen kombiniert werden, um die Rentabilität des Subskriptionsdienstes zu erhöhen (siehe Abschn. 4.1.2 zur Beschreibung der typspezifischen zusätzlichen Erlösquellen).

Diese sechs Schritte bilden die Grundlage dafür, dass zukünftige Subskriptionsanbieter am Wachstum dieser disruptiven Form des Einzelhandels teilhaben können.

Ausblick

5

Subskriptionen und der automatisierte Handel repräsentieren technologiebasierte Erlösmodellinnovationen, die im digitalen Zeitalter Mehrwert für Kunden und Unternehmen schaffen können. Marketingspezialisten sind ständig auf der Suche nach innovativen Wegen, um den Einkauf von Verbrauchern zu vereinfachen oder zu emotionalisieren. Unser Buch zeigt, dass Subskriptionen für beide Zwecke verwendet werden können und ermöglicht Managern, ein passendes Subskriptionsangebot zu entwickeln, welches einen Mehrwert für Konsumenten bietet: mehr Convenience und/oder Inspiration. Dieses Buch unterstützt damit die fortwährende Fürsprache der Marketingforschung für eine kundenorientierte Gestaltung von Erlebnis- und Dienstleistungsabläufen (Chase und Dasu 2001; Dixon et al. 2017). Es stellt einen ersten Schritt zu einem besseren Verständnis von Subskriptionen dar und zielt darauf ab, deren Entwicklung im Markt anzuregen.

In Zeiten, in denen der klassische Einzelhandel unter starkem Druck steht, ist eine Fokussierung auf differenzierende Aspekte dringlicher denn je. Besonders Personalisierung und 1-on-1 Marketing werden vermehrt an Bedeutung gewinnen. Aus diesem Grund kann sich für Handelsmanager die Implementierung einer Subskription lohnen. Ein zentrales Augenmerk bei der Automatisierung und Personalisierung muss dem Datenschutz gelten. Subskriptionen erlauben Händlern tiefe Einblicke in die Bedürfnisstrukturen und Kauferfahrungen von Käufern. Das mit der Automatisierung verbundene Outsourcing der Entscheidungshoheit über Einkäufe bedarf eines hohen Vertrauens gegenüber dem Subskriptionsanbieter, welches sowohl für die Akquise als auch die Bindung von Kunden essenziell ist.

Subskriptionen sind in der Lage, sowohl utilitaristische als auch hedonische Bedürfnisse zu befriedigen. Sie können unter Umständen sogar beide Bedürfnisse gleichzeitig befriedigen und bieten damit die Chance, die Attraktivität eines Anbieters zu verbessern. Im Idealfalle führt dies zu erhöhter Zufriedenheit, mehr

© Springer Fachmedien Wiesbaden GmbH, ein Teil von Springer Nature 2020
S. F. Bischof und T. Rudolph, *Subskriptionsmodelle im Handel,* essentials,
https://doi.org/10.1007/978-3-658-29678-0_5

Loyalität und einem höheren Share-of-Wallet. Zu bedenken bleibt, dass mit besser werdender Logistik vor allem Predefined Subskriptionen ein friktionsloses Kauferlebnis bieten könnten. Subskriptionen könnten sich dann zu Lasten des Einmalkaufs ausbreiten. Dies hätte vor allem für stationäre Einzelhändler Implikationen. Doch Sie sollten nicht am bestehenden Geschäftsmodell festhalten, sondern sich den Möglichkeiten von Subskriptionsdiensten öffnen.

Was Sie aus diesem *essential* mitnehmen können

- Produktsubskriptionen sind bereits weit verbreitet: 30 % der Konsumenten in der Deutschschweiz haben bereits einmal eine Produktsubskription gekauft.
- Die vier Grundtypen von Subskriptionen (Predefined, Curated, Surprise, Access) unterscheiden sich massgeblich hinsichtlich ihres Überraschungs- und Personalisierungscharakters und der damit verbundenen Kontrollierbarkeit der gelieferten Produkte aus Konsumentensicht.
- Subskriptionskäufer sind tendenziell jünger und besitzen ein höheres Bruttohaushaltseinkommen. Sie sehen sich selbst als Kenner der Kategorien ihrer Subskriptionen, sind tendenziell risikoaffiner, und erachten Einkaufen eher als Abenteuer.
- Etablierte Händler (bspw. Rewe, Edeka, Aldi) haben noch keine eigenen Subskriptionen – die Szene wird aktuell von kleinen Startups dominiert. Daraus ergeben sich Chancen für neue Subskriptionsanbieter.
- Subskriptionsanbieter sollten ihre Rentabilität durch ergänzende Erlösquellen steigern. Je nach Subskriptionstyp können sie beispielsweise:
  - Online-Shops betreiben, um von Cross-Selling Effekten zu profitieren,
  - Verbraucherbewertungen an Konsumgüterhersteller verkaufen und so die Kundschaft zu einem Lead-User Kanal entwickeln,
  - Communities gründen, um den Customer Lifetime Value zu erhöhen.
- Eine Subskription wird aufgrund ihrer Automatisierung von potenziellen Interessenten auf ihre individuelle Wertstiftung geprüft. Ein überzeugendes Leistungsversprechen, welches Kunden begeistert, verkörpert eine zentrale Anforderung. Wer das nicht hat, sollte mit Subskriptionen nicht beginnen.

© Springer Fachmedien Wiesbaden GmbH, ein Teil von Springer Nature 2020
S. F. Bischof und T. Rudolph, *Subskriptionsmodelle im Handel,* essentials,
https://doi.org/10.1007/978-3-658-29678-0

Literatur

Bischof SF (2019) Subscription commerce: theoretical, behavioral, and managerial implications of surprise as a retail mechanism. Dissertation an der Universität St.Gallen, St.Gallen

Berg N, Knight M (2019) Amazon: how the world's most relentless retailer will continue to revolutionize commerce, 1. Aufl. Kogan Page, New York

Bischof SF, Boettger TM, Rudolph T (2019) Curated subscription commerce: a theoretical conceptualization. J Retail Consum Serv. https://doi.org/10.1016/j.jretconser.2019.04.019 (im Druck)

CB Insights (2016) Subscription e-commerce market map, 57 startups in one infographic. https://www.cbinsights.com/blog/subscription/ecommerce-market-map-company-list/

Chase RB, Dasu S (2001) Want to perfect your company's service? Use behavioral science. Harv Bus Rev 79(6):78–84

Chen T, Fenyo K, Yang S, Zhang J (2018) Thinking inside the subscription box: new research on e-commerce consumers. McKinsey Co. https://www.mckinsey.com/industries/high-tech/our-insights/thinking-inside-the-subscription-box-new-research-on-ecommerce-consumers

Cratejoy (2018) Subscribe to what you love. https://www.cratejoy.com/

Dixon MJ, Victorino L, Kwortnik RJ, Verma R (2017) Surprise, anticipation, and sequence effects in the design of experiential services. Prod Oper Manag 26(5):945–960

Economist T (2018) The subscription addiction. The Economist 427(9086):62

Grewal D, Roggeveen AL, Compeau LD, Levy M (2012) Retail value-based pricing strategies: new times, new technologies, new consumers. J Retail 88(1):1–6

Grewal D, Roggeveen AL, Nordfält J (2017) The future of retailing. J Retail 93(1):1–6

Güntert A (2019) So funktioniert das Möbel-Abo von Ikea. Die Welt. https://www.welt.de/wirtschaft/article195765311/Mieten-statt-kaufen-Ikea-bietet-in-der-Schweiz-Moebel-im-Abo-an.html

Gupta S, Lehmann DR, Stuart JA (2004) Valuing customers. J Mark Res 41(1):7–18

Kessler S (2016) Meal-kit customers dine and dash. Fast Co. https://www.fastcompany.com/3064792/app-economy/meal-kit-customers-dine-and-dash

Kumar V, Reinartz W (2016) Creating enduring customer value. J Mark 80(6):36–68. https://doi.org/10.1509/jm.15.0414

© Springer Fachmedien Wiesbaden GmbH, ein Teil von Springer Nature 2020   49
S. F. Bischof und T. Rudolph, *Subskriptionsmodelle im Handel,* essentials,
https://doi.org/10.1007/978-3-658-29678-0

Livsey A (2017) Dollar Shave Club wins market share and customers with back-to-basics approach. Financ Times. https://www.ft.com/content/9bb5cc54-d368-11e6-b06b-680c49b4b4c0

Molla R (2017) For the wealthiest Americans, Amazon Prime has become the norm. Recode. https://www.vox.com/2017/6/8/15759354/amazon-prime-low-income-discount-piper-jaffray-demographics

Peloton (2019) Choose your bike experience. https://www.onepeloton.com/

Porsche (2019) Porsche passport: all-inclusive, monthly vehicle subscription service. https://www.porschepassport.com/

Reinartz W (2016) In the future of retail, we're never not shopping. Harv Bus Rev. https://hbr.org/2016/03/in-the-future-of-retail-were-never-not-shopping

Reuters (2020) HelloFresh shares jump on stronger than expected 2019. N Y Times. https://www.nytimes.com/reuters/2020/01/16/business/16reuters -hellofresh-hot.html

Rudolph T, Bischof SF, Boettger TM, Weiler N (2017) Disruption at the door: a taxonomy on subscription models in retailing. Mark Rev St. Gallen 34(5):18–25

Rudolph T, Bischof SF, Schürch S (2019) Subskriptionen und Abomodelle für den Schweizer Handel. Forschungszentrum für Handelsmanagement der Universität St. Gallen, St.Gallen. https://www.handelsliteratur-hsg.ch/studien/details/#cc-m-product-11553667597

Segran E (2018) Inside the $2.6 billion subscription box wars. Fast Co. https://www.fastcompany.com/90248232/inside-the-2-6-billion-subscription-box-wars

Shankar V, Yadav MS (2011) Innovations in retailing. J Retail 87(1):1–2

The Economist (2013) Supply on demand: adapting to change in consumption and delivery models. Econ Intell Unit. http://www.economistinsights.com/sites/default/files/EIU_Zuora_WEB_Final.pdf

Printed in the United States
By Bookmasters